सदाबहार कहानियाँ

मुंशी प्रेमचंद

युवान बुक्स

अनबाउंड स्क्रिप्ट का उपक्रम

सदाबहार कहानियाँः मुंशी प्रेमचंद

ISBN : 978-93-92088-39-1

प्रकाशक : **अनबाउंड स्क्रिप्ट**
2/41, अंसारी रोड
दरियागंज, दिल्ली–110002
वेबसाइट : www.unboundscript.com
ई-मेल : books@unboundscript.com
फोन : 011-35807601

मुद्रक : **विकास कम्प्यूटर एंड प्रिंटर्स**
लोनी, गाजियाबाद, उत्तर प्रदेश

मूल्य : ₹ 125/-

अनुक्रम

दो बैलों की कथा

जानवरों में गधा सबसे जियादा बुद्धिमान समझा जाता है। हम जब किसी आदमी को पहले दर्जे का बेवक़ूफ कहना चाहते हैं, तो उसे गधा कहते हैं। गधा सचमुच बेवक़ूफ है या उसके सीधेपन, उसकी निरापद सहिष्णुता ने उसे यह पदवी दे दी है, इसका निश्चय नहीं किया जा सकता। गाएँ सींग मारती हैं, ब्याई हुई गाय तो अनायास ही सिंहनी का रूप धारण कर लेती है। कुत्ता भी बहुत गरीब जानवर है, लेकिन कभी-कभी उसे भी क्रोध आ ही जाता है, किंतु गधे को कभी क्रोध करते नहीं सुना, न देखा। जितना चाहो गरीब को मारो, चाहे जैसी ख़राब, सड़ी हुई घास सामने डाल दो, उसके चेहरे पर कभी असंतोष की छाया भी नहीं दिखाई देगी। वैशाख में चाहे एकाध बार कुलेल कर लेता है, पर हमने तो उसे कभी ख़ुश होते नहीं देखा। उसके चेहरे पर स्थाई विषाद स्थायी रूप से छाया रहता है। सुख-दुःख, हानि-लाभ किसी भी दशा में उसे बदलते नहीं देखा। ऋषियों-मुनियों के जितने गुण हैं, वे सभी उसमें पराकाष्ठा को पहुँच गए हैं, पर आदमी उसे बेवक़ूफ कहता है। सद्‌गुणों का इतना अनादर!

कदाचित सीधापन संसार के लिए उपयुक्त नहीं है। देखिए न, भारतवासियों की अफ्रीक़ा में क्या दुर्दशा हो रही है? क्यों अमरीका में उन्हें घुसने नहीं दिया जाता? बेचारे शराब नहीं

पीते, चार पैसे कुसमय के लिए बचाकर रखते हैं, जी तोड़कर काम करते हैं, किसी से लड़ाई-झगड़ा नहीं करते, चार बातें सुनकर गम खा जाते हैं फिर भी बदनाम हैं। कहा जाता है, वे जीवन के आदर्श को नीचा करते हैं। अगर वे ईंट का जवाब पत्थर से देना सीख जाते तो शायद सभ्य कहलाने लगते। जापान की मिसाल सामने है। एक ही विजय ने उसे संसार की सभ्य जातियों में गण्य बना दिया। लेकिन गधे का एक छोटा भाई और भी है, जो उससे कम ही गधा है। और वह है 'बैल'। जिस अर्थ में हम 'गधा' का प्रयोग करते हैं, कुछ उसी से मिलते-जुलते अर्थ में 'बछिया के ताऊ' का भी प्रयोग करते हैं। कुछ लोग बैल को शायद बेवक़ूफी में सर्वश्रेष्ठ कहेंगे, मगर हमारा विचार ऐसा नहीं है। बैल कभी-कभी मारता भी है, कभी-कभी अड़ियल बैल भी देखने में आता है। और भी कई रीतियों से अपना असंतोष प्रकट कर देता है, अतएव उसका स्थान गधे से नीचा है।

झूरी के पास दो बैल थे- हीरा और मोती। देखने में सुंदर, काम में चौकस, डील में ऊँचे। बहुत दिनों साथ रहते-रहते दोनों में भाईचारा हो गया था। दोनों आमने-सामने या आस-पास बैठे हुए एक-दूसरे से मूक भाषा में विचार-विनिमय किया करते थे। एक-दूसरे के मन की बात को कैसे समझा जाता है, हम कह नहीं सकते। अवश्य ही उनमें कोई ऐसी गुप्त शक्ति थी, जिससे जीवों में श्रेष्ठता का दावा करने वाला मनुष्य वंचित है। दोनों एक-दूसरे को चाटकर सूँघकर अपना प्रेम प्रकट करते, कभी-कभी दोनों सींग भी मिला लिया करते थे, विग्रह के नाते से नहीं, केवल विनोद के भाव से, आत्मीयता के भाव से, जैसे दोनों में घनिष्ठता होते ही धौल-धप्पा होने लगता है। इसके बिना दोस्ती कुछ फुसफसी, कुछ हल्की-सी रहती है, फिर जियादा विश्वास नहीं किया जा सकता। जिस वक्त ये दोनों बैल हल या गाड़ी में जोत दिए जाते और गरदन हिला-हिलाकर चलते, उस समय हर एक की चेष्टा होती कि जियादा-से-जियादा बोझ मेरी ही गर्दन पर रहे।

दिन-भर के बाद दोपहर या संध्या को दोनों खुलते तो एक-दूसरे को चाट-चूट कर अपनी थकान मिटा लिया करते, नाँद में खली-भूसा पड़ जाने के बाद दोनों साथ उठते, साथ नाँद में मुँह डालते और साथ ही बैठते थे। एक मुँह हटा लेता तो दूसरा भी हटा लेता था।

संयोग की बात, झूरी ने एक बार गोईं को ससुराल भेज दिया। बैलों को क्या मालूम, वे कहाँ भेजे जा रहे हैं। समझे, मालिक ने हमें बेच दिया। अपना यूँ बेचा जाना उन्हें अच्छा लगा या बुरा, कौन जाने, पर झूरी के साले गया को घर तक गोईं ले जाने में दाँतों पसीना आ गया। पीछे से हाँकता तो दोनों दाएँ-बाएँ भागते, पगहिया पकड़कर आगे से खींचता तो दोनों पीछे की ओर जोर लगाते। मारता तो दोनों सींगे नीची करके हुँकारते। अगर ईश्वर ने उन्हें वाणी दी होती तो झूरी से पूछते-तुम हम गरीबों को क्यों निकाल रहे हो?

हमने तो तुम्हारी सेवा करने में कोई कसर नहीं उठा रखी। अगर इतनी मेहनत से काम न चलता था, और काम ले लेते। हमें तो तुम्हारी चाकरी में मर जाना क़बूल था। हमने कभी दाने-चारे की शिकायत नहीं की। तुमने जो कुछ खिलाया, वह सिर झुकाकर खा लिया, फिर तुमने हमें इस जालिम के हाथ क्यों बेंच दिया?

संध्या समय दोनों बैल अपने नए स्थान पर पहुँचे। दिन-भर के भूखे थे, लेकिन जब नाँद में लगाए गए तो एक ने भी उसमें मुँह नहीं डाला। दिल भारी हो रहा था। जिसे उन्होंने अपना घर समझ रखा था, वह आज उनसे छूट गया। यह नया घर, नया गाँव, नए आदमी उन्हें बेगाने-से लगते थे।

दोनों ने अपनी मूक भाषा में सलाह की, एक-दूसरे को कनखियों से देखा और लेट गए। जब गाँव में सोता पड़ गया तो दोनों ने जोर मारकर पगहा तुड़ा डाले और घर की तरफ चले। पगहे बहुत मजबूत थे। अनुमान न हो सकता था कि कोई बैल उन्हें तोड़ सकेगा, पर इन दोनों में इस समय दूनी शक्ति आ गई थी। एक-एक झटके में रस्सियाँ टूट गईं।

झूरी प्रातः काल सो कर उठा तो देखा कि दोनों बैल चरनी पर खड़े हैं। दोनों की गरदनों में आधा-आधा गराँव लटक रहा था। घुटने तक पाँव कीचड़ से भरे हैं और दोनों की आँखों में विद्रोहमय स्नेह झलक रहा है।

झूरी बैलों को देखकर स्नेह से गद्‌गद हो गया। दौड़कर उन्हें गले लगा लिया। प्रेमालिंगन और चुंबन का वह दृश्य बड़ा ही मनोहर था।

घर और गाँव के लड़के जमा हो गए। और तालियाँ बजा-बजाकर उनका स्वागत करने लगे। गाँव के इतिहास में यह घटना अभूतपूर्व न होने पर भी महत्त्वपूर्ण थी, बाल-सभा ने निश्चय किया, दोनों पशु-वीरों का अभिनन्दन पत्र देना चाहिए। कोई अपने घर से रोटियाँ लाया, कोई गुड़, कोई चोकर, कोई भूसी।

एक बालक ने कहा- "ऐसे बैल किसी के पास न होंगे।"

दूसरे ने समर्थन किया- "इतनी दूर से दोनों अकेले चले आए।'

तीसरा बोला- 'बैल नहीं हैं वे, उस जन्म के आदमी हैं।'

इसका प्रतिवाद करने का किसी को साहस नहीं हुआ। झूरी की स्त्री ने बैलों को द्वार पर देखा तो जल उठी। बोली-'कैसे नमक-हराम बैल हैं कि एक दिन वहाँ काम न किया, भाग खड़े हुए।'

झूरी अपने बैलों पर यह आक्षेप न सुन सका-'नमक हराम क्यों हैं? चारा-दाना न दिया होगा तो क्या करते?'

स्त्री ने रोब के साथ कहा-'बस, तुम्हीं तो बैलों को खिलाना जानते हो, और तो सभी पानी पिला-पिलाकर रखते हैं।'

झूरी ने चिढ़ाया-'चारा मिलता तो क्यों भागते?'

स्त्री चिढ़ गई-'भागे इसलिए कि वे लोग तुम जैसे बुद्धुओं की तरह बैल को सहलाते नहीं, खिलाते हैं तो रगड़कर जोतते भी हैं। ये दोनों ठहरे कामचोर, भाग निकले। अब देखूँ कहाँ से खली और चोकर मिलता है। सूखे भूसे के सिवा कुछ न दूँगी, खाएँ चाहें मरें।'

वही हुआ। मजूर की बड़ी ताकीद की गई कि बैलों को खाली सूखा भूसा दिया जाए।

बैलों ने नाँद में मुँह डाला तो फीका-फीका, न कोई चिकनाहट, न कोई रस!

क्या खाएँ? आशा-भरी आँखों से द्वार की ओर ताकने लगे। झूरी ने मजूर से कहा-'थोड़ी-सी खली क्यों नहीं डाल देता बे?'

'मालकिन मुझे मार ही डालेंगी।'

'चुराकर डाल आ।'

'ना दादा, पीछे से तुम भी उन्हीं की-सी कहोगे।'

दूसरे दिन झूरी का साला फिर आया और बैलों को ले चला। अबकी उसने दोनों को गाड़ी में जोता।

दो-चार बार मोती ने गाड़ी को खाई में गिराना चाहा, पर हीरा ने संभाल लिया। वह जियादा सहनशील था।

संध्या-समय घर पहुँचकर उसने दोनों को मोटी रस्सियों से बाँधा और कल की शरारत का मजा चखाया फिर वही सूखा भूसा डाल दिया। अपने दोनों बैलों को खली चूनी सब कुछ दी।

दोनों बैलों का ऐसा अपमान कभी न हुआ था। झूरी ने इन्हें फूल की छड़ी से भी छूता था। उसकी टिटकार पर दोनों उड़ने लगते थे। यहाँ मार पड़ी। आहत सम्मान की व्यथा तो थी ही, उस पर मिला सूखा भूसा!

नाँद की तरफ आँखें तक न उठाई।

दूसरे दिन गया ने बैलों को हल में जोता, पर इन दोनों ने जैसे पाँव न उठाने की क़सम खा ली थी। वह मारते-मारते थक गया, पर दोनों ने पाँव न उठाया। एक बार जब उस निर्दयी ने हीरा की नाक पर ख़ूब डंडे जमाए तो मोती का गुस्सा क़ाबू से बाहर हो गया। हल लेकर भागा। हल, रस्सी, जुआ, जोत, सब टूट-टाटकर बराबर हो गया। गले में बड़ी-बड़ी रस्सियाँ न होतीं तो दोनों पकड़ाई में न आते।

'हीरा ने मूक-भाषा में कहा-भागना व्यर्थ है।'

मोती ने उत्तर दिया-'तुम्हारी तो इसने जान ही ले ली थी।'

'अबकी बड़ी मार पड़ेगी।'

'पड़ने दो, बैल का जन्म लिया है तो मार से कहाँ तक बचेंगे?'

'गया दो आदमियों के साथ दौड़ा आ रहा है, दोनों के हाथों में लाठियाँ हैं।'

मोती बोला-'कहो तो दिखा दूँ मजा मैं भी, लाठी लेकर आ रहा है।'

हीरा ने समझाया-'नहीं भाई! खड़े हो जाओ।'

'मुझे मारेगा तो मैं एक-दो को गिरा दूँगा।'

'नहीं हमारी जाति का यह धर्म नहीं है।'

मोती दिल में ऐंठकर रह गया। गया आ पहुँचा और दोनों को पकड़ कर ले चला। कुशल हुई कि उसने इस वक्त मारपीट न की, नहीं तो मोती पलट पड़ता। उसके तेवर देख गया और उसके सहायक समझ गए कि इस वक्त टाल जाना ही भलमनसाहत है।

आज दोनों के सामने फिर वही सूखा भूसा लाया गया, दोनों चुपचाप खड़े रहे।

घर में लोग भोजन करने लगे। उस वक्त छोटी-सी लड़की दो रोटियाँ लिए निकली और दोनों के मुँह में देकर चली गई। उस एक रोटी से इनकी भूख तो क्या शांत होती, पर दोनों के हृदय को मानो भोजन मिल गया। यहाँ भी किसी सज्जन का वास है। लड़की भैरो की थी। उसकी माँ मर चुकी थी। सौतेली माँ उसे मारती रहती थी, इसलिए इन बैलों से एक प्रकार की आत्मीयता हो गई थी।

दोनों दिन-भर जाते, डंडे खाते, अड़ते, शाम को थान पर बाँध दिए जाते और रात को वही बालिका उन्हें दो रोटियाँ खिला जाती। प्रेम के इस प्रसाद की यह बरकत थी कि दो-दो गाल सूखा भूसा

खाकर भी दोनों दुर्बल न होते थे, मगर दोनों की आँखों में रोम-रोम में विद्रोह भरा हुआ था।

एक दिन मोती ने मूक-भाषा में कहा-'अब तो नहीं सहा जाता हीरा!'

'क्या करना चाहते हो?'

'एकाध को सींगों पर उठाकर फेंक दूँगा।'

'लेकिन जानते हो, वह प्यारी लड़की, जो हमें रोटियाँ खिलाती है, उसी की लड़की है, जो इस घर का मालिक है, यह बेचारी अनाथ हो जाएगी।'

'तो मालकिन को फेंक दूँ, वही तो इस लड़की को मारती है।'

'लेकिन औरत जात पर सींग चलाना मना है, यह भूल जाते हो।'

'तुम तो किसी तरह निकलने ही नहीं देते, बताओ, तुड़ाकर भाग चलें।'

'हाँ, यह मैं स्वीकार करता हूँ, लेकिन इतनी मोटी रस्सी टूटेगी कैसे।'

'इसका एक उपाय है, पहले रस्सी को थोड़ा चबा लो। फिर एक झटके में जाती है।'

रात को जब बालिका रोटियाँ खिला कर चली गई तो दोनों रस्सियाँ चबाने लगे, पर मोटी रस्सी मुँह में न आती थी। बेचारे बार-बार जोर लगाकर रह जाते थे।

सहसा घर का द्वार खुला और वह लड़की निकली। दोनों सिर झुकाकर उसका हाथ चाटने लगे। दोनों की पूंछें खड़ी हो गईं। उसने उनके माथे सहलाए और बोली-'खोल देती हूँ, चुपके से भाग जाओ, नहीं तो ये लोग मार डालेंगे। आज घर में सलाह हो रही है कि इनकी नाकों में नाथ डाल दी जाएँ।'

उसने गराँव खोल दिया, पर दोनों चुप खड़े रहे।

मोती ने अपनी भाषा में पूछा-'अब चलते क्यों नहीं?'

हीरा ने कहा-'चलें तो, लेकिन कल इस अनाथ पर आफत आएगी, सब इसी पर संदेह करेंगे।'

सहसा बालिका चिल्लाई-'दोनों फूफा वाले बैल भागे जा रहे हैं, ओ दादा! दादा! दोनों बैल भागे जा रहे हैं, ओ दादा! दादा! दोनों बैल भागे जा रहे हैं, जल्दी दौड़ो।'

गया हड़बड़ाकर भीतर से निकला और बैलों को पकड़ने चला। वे दोनों भागे। गया ने पीछा किया, और भी तेज हुए, गया ने शोर मचाया। फिर गाँव के कुछ आदमियों को भी साथ लेने के लिए लौटा। दोनों मित्रों को भागने का मौ.का मिल गया। सीधे दौड़ते चले गए। यहाँ तक कि मार्ग का ज्ञान न रहा। जिस परिचित मार्ग से आए थे, उसका यहाँ पता न था। नए-नए गाँव मिलने लगे। तब दोनों एक खेत के किनारे खड़े होकर सोचने लगे, अब क्या करना चाहिए।

हीरा ने कहा-'मुझे मालूम होता है, राह भूल गए।'

'तुम भी बेतहाशा भागे, वहीं उसे मार गिराना था।'

'उसे मार गिराते तो दुनिया क्या कहती? वह अपने धर्म छोड़ दे, लेकिन हम अपना धर्म क्यों छोडें?'

दोनों भूख से व्याकुल हो रहे थे। खेत में मटर खड़ी थी। चरने लगे। रह-रहकर आहट लेते रहे थे। कोई आता तो नहीं है।

जब पेट भर गया, दोनों ने आजादी का अनुभव किया तो मस्त होकर उछलने-कूदने लगे। पहले दोनों ने डकार ली। फिर सींग मिलाए और एक-दूसरे को ठेलने लगे। मोती ने हीरा को कई क़दम पीछे हटा दिया, यहाँ तक कि वह खाई में गिर गया। तब उसे भी क्रोध आ गया। संभलकर उठा और मोती से भिड़ गया। मोती ने देखा- खेल में झगड़ा हुआ चाहता है तो किनारे हट गया।

अरे! यह क्या? कोई साँड डौंकता चला आ रहा है। हाँ, साँड ही है। वह सामने आ पहुँचा। दोनों मित्र बगलें झाँक रहे थे। साँड पूरा हाथी था। उससे भिड़ना जान से हाथ धोना है, लेकिन न भिड़ने

पर भी जान बचती नजर नहीं आती। इन्हीं की तरफ आ भी रहा है। कितनी भयंकर सूरत है!

मोती ने मूक-भाषा में कहा-'बुरे फँसे, जान बचेगी? कोई उपाय सोचो।'

हीरा ने चिंतित स्वर में कहा-'अपने घमंड में फूला हुआ है, आरजू-विनती न सुनेगा।'

'भाग क्यों न चलें?'

'भागना कायरता है।'

'तो फिर यहीं मरो। बंदा तो नौ दो ग्यारह होता है।'

'और जो दौड़ाए?'

'तो फिर कोई उपाय सोचो जल्द!'

'उपाय यही है कि उस पर दोनों जने एक साथ चोट करें। मैं आगे से रगेदता हूँ, तुम पीछे से रगेदो, दोहरी मार पड़ेगी तो भाग खड़ा होगा। मेरी ओर झपटे, तुम बगल से उसके पेट में सींग घुसेड़ देना। जान जोखिम है; पर दूसरा उपाय नहीं है।'

दोनों मित्र जान हथेली पर लेकर लपके। साँड को भी संगठित शत्रुओं से लड़ने का तजुरबा न था।

वह तो एक शत्रु से मल्लयुद्ध करने का आदी था। ज्यों-ही हीरा पर झपटा, मोती ने पीछे से दौड़ाया। साँड उसकी तरफ मुड़ा तो हीरा ने रगेदा। साँड चाहता था, कि एक-एक करके दोनों को गिरा ले, पर ये दोनों भी उस्ताद थे। उसे वह अवसर न देते थे। एक बार साँड झल्लाकर हीरा का अंत कर देने के लिए चला कि मोती ने बगल से आकर उसके पेट में सींग भोंक दिया। साँड क्रोध में आकर पीछे फिरा तो हीरा ने दूसरे पहलू में सींगे चुभा दिया।

आख़िर बेचारा जख्मी होकर भागा और दोनों मित्रों ने दूर तक उसका पीछा किया। यहाँ तक कि साँड बेदम होकर गिर पड़ा। तब दोनों ने उसे छोड़ दिया। दोनों मित्र जीत के नशे में झूमते

चले जाते थे।

मोती ने सांकेतिक भाषा में कहा–'मेरा जी चाहता था कि बचा को मार ही डालूँ।'

हीरा ने तिरस्कार किया–'गिरे हुए बैरी पर सींग न चलाना चाहिए।'

'यह सब ढोंग है, बैरी को ऐसा मारना चाहिए कि फिर न उठे।'

'अब घर कैसे पहुँचोगे वह सोचो।'

'पहले कुछ खा लें, तो सोचें।'

सामने मटर का खेत था ही, मोती उसमें घुस गया। हीरा मना करता रहा, पर उसने एक न सुनी। अभी दो ही चार ग्रास खाए थे कि आदमी लाठियाँ लिए दौड़ पड़े और दोनों मित्र को घेर लिया, हीरा तो मेड़ पर था निकल गया। मोती सींचे हुए खेत में था। उसके खुर कीचड़ में धंसने लगे। न भाग सका। पकड़ लिया। हीरा ने देखा, संगी संकट में है तो लौट पड़ा। फँसेंगे तो दोनों फँसेंगे। रखवालों ने उसे भी पकड़ लिया।

प्रातःकाल दोनों मित्र काँजी हौस में बंद कर दिए गए।

दोनों मित्रों को जीवन में पहली बार ऐसा साबिक़ा पड़ा था कि सारा दिन बीत गया और खाने को एक तिनका भी न मिला। समझ में न आता था, यह कैसा स्वामी है। इससे तो गया फिर भी अच्छा था। यहाँ कई भैंसे थीं, कई बकरियाँ, कई घोड़े, कई गधे, पर किसी के सामने चारा न था, सब जमीन पर मुर्दों की तरह पड़े थे।

कई तो इतने कमजोर हो गए थे कि खड़े भी न हो सकते थे। सारा दिन मित्र फाटक की ओर टकटकी लगाए रहते, पर कोई चारा न लेकर आता दिखाई दिया। तब दोनों ने दीवार की नमकीन मिट्टी चाटनी शुरू की, पर इससे क्या तृप्ति होती।

रात को भी जब कुछ भोजन न मिला तो हीरा के दिल में विद्रोह की ज्वाला दहक उठी। मोती से बोला–'अब नहीं रहा जाता मोती!

मोती ने सिर लटकाए हुए जवाब दिया–'मुझे तो मालूम होता है

कि प्राण निकल रहे हैं।'

'आओ दीवार तोड़ डालें।'

'मुझसे तो अब कुछ नहीं होगा।'

'बस इसी बूते पर अकड़ते थे!'

'सारी अकड़ निकल गई।'

बाड़े की दीवार कच्ची थी। हीरा मजबूत तो था ही, अपने नुकीले सींग दीवार में गड़ा दिए और जोर मारा तो मिट्टी का एक चिप्पड़ निकल आया। फिर तो उसका साहस बढ़ा उसने दौड़-दौड़कर दीवार पर चोटें कीं और हर चोट में थोड़ी-थोड़ी मिट्टी गिराने लगा।

उसी समय काँजी हौस का चौकीदार लालटेन लेकर जानवरों की हाजिरी लेने आ निकला। हीरा का उद्दंडपन्न देखकर उसे कई डंडे रसीद किए और मोटी-सी रस्सी से बाँध दिया।

मोती ने पड़े-पड़े कहा-'आख़िर मार खाई, क्या मिला?'

'अपने बूते-भर जोर तो मार दिया।'

'ऐसा जोर मारना किस काम का कि और बंधन में पड़ गए।'

'जोर तो मारता ही जाऊँगा, चाहे कितने ही बंधन पड़ते जाएँ।'

'जान से हाथ धोना पड़ेगा।'

'कुछ परवाह नहीं। यूँ भी तो मरना ही है। सोचो, दीवार खुद जाती तो कितनी जाने बच जातीं। इतने भाई यहाँ बंद हैं। किसी की देह में जान नहीं है। दो-चार दिन यही हाल रहा तो मर जाएँगे।'

'हाँ, यह बात तो है। अच्छा, तो ला फिर मैं भी जोर लगाता हूँ।'

मोती ने भी दीवार में सींग मारा, थोड़ी-सी मिट्टी गिरी और फिर हिम्मत बढ़ी, फिर तो वह दीवार में सींग लगाकर इस तरह जोर करने लगा, मानो किसी प्रतिद्वंदी से लड़ रहा है। आख़िर कोई दो घंटे की जोर-आजमाई के बाद दीवार ऊपर से लगभग एक

हाथ गिर गई, उसने दूनी शक्ति से दूसरा धक्का मारा तो आधी दीवार गिर पड़ी।

दीवार का गिरना था कि अधमरे-से पड़े हुए सभी जानवर चेत उठे, तीनों घोड़ियाँ सरपट भाग निकलीं। फिर बकरियाँ निकलीं, इसके बाद भैंस भी खिसक गई, पर गधे अभी तक ज्यों के त्यों खड़े थे।

हीरा ने पूछा-'तुम दोनों क्यों नहीं भाग जाते?'

एक गधे ने कहा-'जो कहीं फिर पकड़ लिए जाएँ।'

'तो क्या हरज है, अभी तो भागने का अवसर है।'

'हमें तो डर लगता है। हम यहीं पड़े रहेंगे।'

आधी रात से ऊपर जा चुकी थी। दोनों गधे अभी तक खड़े सोच रहे थे कि भागें, या न भागें, और मोती अपने मित्र की रस्सी तोड़ने में लगा हुआ था। जब वह हार गया तो हीरा ने कहा-'तुम जाओ, मुझे यहीं पड़ा रहने दो, शायद कहीं भेंट हो जाए।'

मोती ने आँखों में आँसू लाकर कहा-'तुम मुझे इतना स्वार्थी समझते हो, हीरा हम और तुम इतने दिनों एक साथ रहे हैं। आज तुम विपत्ति में पड़ गए हो तो मैं तुम्हें छोड़कर अलग हो जाऊँ?'

हीरा ने कहा-'बहुत मार पड़ेगी, लोग समझ जाएँगे, यह तुम्हारी शरारत है।'

मोती ने गर्व से बोला-'जिस अपराध के लिए तुम्हारे गले में बंधना पड़ा, उसके लिए अगर मुझे मार पड़े, तो क्या चिंता। इतना तो हो ही गया कि नौ-दस प्राणियों की जान बच गई, वे सब तो आशीर्वाद देंगे।'

यह कहते हुए मोती ने दोनों गधों को सींगों से मार-मार कर बाड़े से बाहर निकाला और तब अपने बंधु के पास आकर सो रहा।

भोर होते ही मुंशी और चौकीदार तथा अन्य कर्मचारियों में कैसी खलबली मची, इसके लिखने की जरूरत नहीं। बस, इतना ही काफी है कि मोती की ख़ूब मरम्मत हुई और उसे भी मोटी

रस्सी से बाँध दिया गया।

एक सप्ताह तक दोनों मित्र वहाँ बंधे पड़े रहे। किसी ने चारे का एक तृण भी न डाला। हाँ, एक बार पानी दिखा दिया जाता था। यही उनका आधार था। दोनों इतने दुर्बल हो गए थे कि उठा तक नहीं जाता था, ठठरियाँ निकल आईं थीं। एक दिन बाड़े के सामने डुग्गी बजने लगी और दोपहर होते-होते वहाँ पचास-साठ आदमी जमा हो गए। तब दोनों मित्र निकाले गए और लोग आकर उनकी सूरत देखते और मन फीका करके चले जाते।

ऐसे मृतक बैलों का कौन ख़रीददार होता? सहसा एक दढ़ियल आदमी, जिसकी आँखें लाल थीं और मुद्रा अत्यंत कठोर, आया और दोनों मित्र के कूल्हों में उंगली गोदकर मुंशीजी से बातें करने लगा। चेहरा देखकर अंतर्ज्ञान से दोनों मित्रों का दिल काँप उठे। वह क्यों है और क्यों टटोल रहा है, इस विषय में उन्हें कोई संदेह न हुआ। दोनों ने एक-दूसरे को भीत नेत्रों से देखा और सिर झुका लिया।

हीरा ने कहा-'गया के घर से नाहक़ भागे, अब तो जान न बचेगी।' मोती ने अश्रद्धा के भाव से उत्तर दिया-'कहते हैं, भगवान सबके ऊपर दया करते हैं, उन्हें हमारे ऊपर दया क्यों नहीं आती?'

'भगवान के लिए हमारा जीना मरना दोनों बराबर है। चलो, अच्छा ही है, कुछ दिन उसके पास तो रहेंगे। एक बार उस भगवान ने उस लड़की के रूप में हमें बचाया था। क्या अब न बचाएँगे?'

'यह आदमी छुरी चलाएगा, देख लेना।'

'तो क्या चिंता है? माँस, खाल, सींग, हड्डी सब किसी के काम आ जाएगा।'

नीलाम हो जाने के बाद दोनों मित्र उस दढ़ियल के साथ चले। दोनों की बोटी-बोटी काँप रही थी। बेचारे पाँव तक न उठा सकते थे, पर भय के मारे गिरते-पड़ते भागे जाते थे, क्योंकि वह जरा भी चाल धीमी हो जाने पर डंडा जमा देता था।

राह में गाय-बैलों का एक रेवड़ हरे-भरे हार में चरता नजर

आया। सभी जानवर प्रसन्न थे, चिकने, चपल। कोई उछलता था, कोई आनंद से बैठा पागुर करता था कितना सुखी जीवन था इनका, पर कितने स्वार्थी हैं सब। किसी को चिंता नहीं कि उनके दो भाई बधिक के हाथ पड़े कैसे दुःखी हैं।

सहसा दोनों को ऐसा मालूम हुआ कि परिचित राह है। हाँ, इसी रास्ते से गया उन्हें ले गया था। वही खेत, वही बाग, वही गाँव मिलने लगे, प्रतिक्षण उनकी चाल तेज होने लगी। सारी थकान, सारी दुर्बलता गायब हो गई। आह! यह लो! अपना ही हार आ गया। इसी कुएँ पर हम पुर चलाने आया करते थे, यही कुआँ है।

मोती ने कहा–'हमारा घर नगीच आ गया है।'

हीरा बोला–'भगवान की दया है।'

'मैं तो अब घर भागता हूँ।'

'यह जाने देगा?'

इसे मैं मार गिराता हूँ।

'नहीं–नहीं, दौड़कर थान पर चलो। वहाँ से आगे हम न जाएँगे।'

दोनों उन्मत्त होकर बछड़ों की भांति कुलेलें करते हुए घर की ओर दौड़े। वह हमारा थान है। दोनों दौड़कर अपने थान पर आए और खड़े हो गए। दढ़ियल भी पीछे–पीछे दौड़ा चला आता था।

झूरी द्वार पर बैठा धूप खा रहा था। बैलों को देखते ही दौड़ा और उन्हें बारी–बारी से गले लगाने लगा। मित्रों की आँखों से आनंद के आँसू बहने लगे। एक झूरी का हाथ चाट रहा था।

दढ़ियल ने जाकर बैलों की रस्सियाँ पकड़ लीं। झूरी ने कहा– 'मेरे बैल हैं।'

'तुम्हारे बैल कैसे हैं? मैं मवेशीख़ाने से नीलाम लिए आता हूँ।'

"मैं तो समझता हूँ, चुराए लिए जाते हो! चुपके से चले जाओ, मेरे बैल हैं। मैं बेचूँगा तो बिकेंगे। किसी को मेरे बैल नीलाम करने का क्या इख्तियार हैं?'

'जाकर थाने में रपट कर दूँगा।'

'मेरे बैल हैं। इसका सबूत यह है कि मेरे द्वार पर खड़े हैं।

दढ़ियल झल्लाकर बैलों को जबरदस्ती पकड़ ले जाने के लिए बढ़ा। उसी वक्त मोती ने सींग चलाया। दढ़ियल पीछे हटा। मोती ने पीछा किया। दढ़ियल भागा। मोती पीछे दौड़ा, गाँव के बाहर निकल जाने पर वह रुका, पर खड़ा दढ़ियल का रास्ता देख रहा था, दढ़ियल दूर खड़ा धमकियाँ दे रहा था, गालियाँ निकाल रहा था, पत्थर फेंक रहा था, और मोती विजयी शूर की भाँति उसका रास्ता रोके खड़ा था। गाँव के लोग यह तमाशा देखते थे और हँसते थे। जब दढ़ियल हारकर चला गया तो मोती अकड़ता हुआ लौटा। हीरा ने कहा–'मैं तो डर गया था कि कहीं तुम गुस्से में आकर मार न बैठो।'

'अब न आएगा।'

'आएगा तो दूर से ही ख़बर लूँगा। देखूँ, कैसे ले जाता है।'

'जो गोली मरवा दे?'

'मर जाऊँगा, पर उसके काम न आऊँगा।'

'हमारी जान को कोई जान ही नहीं समझता।'

'इसलिए कि हम इतने सीधे हैं।'

जरा देर में नाँदों में खली भूसा, चोकर और दाना भर दिया गया और दोनों मित्र खाने लगे। झूरी खड़ा दोनों को सहला रहा था। वह उनसे लिपट गया।

झूरी की पत्नी भी भीतर से दौड़ी–दौड़ी आई। उसने ने आकर दोनों बैलों के माथे चूम लिए।

पंच परमेश्वर

1

जुम्मन शेख अलगू चौधरी में गाढ़ी मित्रता थी। साझे में खेती होती थी। कुछ लेन-देन में भी साझा था। एक को दूसरे पर अटल विश्वास था। जुम्मन जब हज करने गये थे, तब अपना घर अलगू को सौंप गये थे, और अलगू जब कभी बाहर जाते, तो जुम्मन पर अपना घर छोड़ देते थे। उनमें न खाना-पाना का व्यवहार था, न धर्म का नाता; केवल विचार मिलते थे। मित्रता का मूलमंत्र भी यही है।

इस मित्रता का जन्म उसी समय हुआ, जब दोनों मित्र बालक ही थे, और जुम्मन के पूज्य पिता, जुमराती, उन्हें शिक्षा प्रदान करते थे। अलगू ने गुरू जी की बहुत सेवा की थी, खूब प्याले धोये। उनका हुक्का एक क्षण के लिए भी विश्राम न लेने पाता था, क्योंकि प्रत्येक चिलम अलगू को आध घंटे तक किताबों से अलग कर देती थी। अलगू के पिता पुराने विचारों के मनुष्य थे। उन्हें शिक्षा की अपेक्षा गुरु की सेवा-शुश्रूषा पर अधिक विश्वास था। वह कहते थे कि विद्या पढ़ने ने नहीं आती; जो कुछ होता है, गुरु के आशीर्वाद से। बस, गुरु जी की कृपा-दृष्टि चाहिए। अतएव यदि अलगू पर जुमराती शेख के आशीर्वाद अथवा सत्संग का कुछ फल न हुआ, तो यह मानकर संतोष कर लेना कि विद्योपार्जन में मैंने यथाशक्ति कोई बात उठा नहीं रखी, विद्या उसके भाग्य ही में न थी, तो कैसे आती?

मगर जुमराती शेख स्वयं आशीर्वाद के कायल न थे। उन्हें अपने सोटे पर अधिक भरोसा था, और उसी सोटे के प्रताप से आज-पास के गाँवों में जुम्मन की पूजा होती थी। उनके लिखे हुए रेहननामे या बैनामे पर कचहरी का मुहर्रिर भी कदम न उठा सकता था। हल्के का डाकिया, कांस्टेबिल और तहसील का चपरासी--सब उनकी कृपा की आकांक्षा रखते थे। अतएव अलगू का मान उनके धन के कारण था, तो जुम्मन शेख अपनी अनमोल विद्या से ही सबके आदरपात्र बने थे।

2

जुम्मन शेख की एक बूढ़ी खाला (मौसी) थी। उसके पास कुछ थोड़ी-सी मिलकियत थी; परन्तु उसके निकट संबंधियों में कोई न था। जुम्मन ने लम्बे-चौड़े वादे करके वह मिलकियत अपने नाम लिखवा ली थी। जब तक दानपत्र की रजिस्ट्री न हुई थी, तब तक खालाजान का खूब आदर-सत्कार किया गया; उन्हें खूब स्वादिष्ट पदार्थ खिलाये गये। हलवे-पुलाव की वर्षा-सी की गयी; पर रजिस्ट्री की मोहर ने इन खातिरदारियों पर भी मानों मुहर लगा दी। जुम्मन की पत्नी करीमन रोटियों के साथ कड़वी बातों के कुछ तेज, तीखे सालन भी देने लगी। जुम्मन शेख भी निठुर हो गये। अब बेचारी खालाजान को प्रायः नित्य ही ऐसी बातें सुननी पड़ती थी।

बुढ़िया न जाने कब तक जियेगी। दो-तीन बीघे ऊसर क्या दे दिया, मानों मोल ले लिया है! बघारी दाल के बिना रोटियाँ नहीं उतरतीं! जितना रुपया इसके पेट में झोंक चुके, उतने से तो अब तक गाँव मोल ले लेते। कुछ दिन खालाजान ने सुना और सहा; पर जब न सहा गया तब जुम्मन से शिकायत की। तुम्मन ने स्थानीय कर्मचारी-गृहस्वांमी-के प्रबंध देना उचित न समझा। कुछ दिन तक दिन तक और यों ही रो-धोकर काम चलता रहा। अन्त में एक दिन खाला ने जुम्मन से कहा-बेटा! तुम्हारे साथ मेरा निर्वाह न होगा। तुम मुझे रुपये दे दिया करो, मैं अपना पका-खा लूँगी।

जुम्मन ने धृष्टता के साथ उत्तर दिया-- रुपये क्या यहाँ फलते हैं?

खाला ने नम्रता से कहा-मुझे कुछ रूखा-सूखा चाहिए भी कि नहीं?

जुम्मन ने गम्भीर स्वर से जवाब़ दिया-तो कोई यह थोड़े ही समझा था कि तू मौत से लड़कर आयी हो?

खाला बिगड़ गयीं, उन्होंने पंचायत करने की धमकी दी। जुम्मन हँसे, जिस तरह कोई शिकारी हिरन को जाली की तरफ जाते देख कर मन ही मन हँसता है। वह बोले-हाँ, जरूर पंचायत करो। फैसला हो जाय। मुझे भी यह रात-दिन की खटखट पसंद नहीं।

पंचायत में किसकी जीत होगी, इस विषय में जुम्मन को कुछ भी संदेह न था। आस-पास के गाँवों में ऐसा कौन था, उसके अनुग्रहों का ऋणी न हो; ऐसा कौन था, जो उसको शत्रु बनाने का साहस कर सके? किसमें इतना बल था, जो उसका सामना कर सके? आसमान के फरिश्ते तो पंचायत करने आवेंगे ही नहीं।

3

इसके बाद कई दिन तक बूढ़ी खाला हाथ में एक लकड़ी लिये आस-पास के गाँवों में दौड़ती रहीं। कमर झुक कर कमान हो गयी थी। एक-एक पग चलना दूभर था; मगर बात आ पड़ी थी। उसका निर्णय करना जरूरी था। बिरला ही कोई भला आदमी होगा, जिसके समाने बुढ़िया ने दु:ख के ऑसू न बहाये हों। किसी ने तो यों ही ऊपरी मन से हूँ-हाँ करके टाल दिया, और किसी ने इस अन्याय पर जमाने को गालियाँ दीं। कहा-कब्र में पाँव जटके हुए हैं, आज मरे, कल दूसरा दिन, पर हवस नहीं मानती। अब तुम्हें क्या चाहिए? रोटी खाओ और अल्लाह का नाम लो। तुम्हें अब खेती-बारी से क्या काम है? कुछ ऐसे सज्जन भी थे, जिन्हें हास्य-रस के रसास्वादन का अच्छा अवसर मिला। झुकी हुई कमर, पोपला मुँह, सन के-से बाल इतनी सामग्री एकत्र हों, तब हँसी

क्यों न आवे? ऐसे न्यायप्रिय, दयालु, दीन-वत्सल पुरुष बहुत कम थे, जिन्होंने इस अबला के दुखड़े को गौर से सुना हो और उसको सांत्वना दी हो। चारों ओर से घूम-घाम कर बेचारी अलगू चौधरी के पास आयी। लाठी पटक दी और दम लेकर बोली-बेटा, तुम भी दम भर के लिये मेरी पंचायत में चले आना।

अलगू-मुझे बुला कर क्या करोगी? कई गाँव के आदमी तो आवेंगे ही।

खाला-अपनी विपद तो सबके आगे रो आयी। अब आने न आने का अख्तियार उनको है।

अलगू-यों आने को आ जाऊँगा; मगर पंचायत में मुँह न खोलूँगा।

खाला-क्यों बेटा?

अलगू-अब इसका कया जवाब दूँ? अपनी खुशी। जुम्मन मेरा पुराना मित्र है। उससे बिगाड़ नहीं कर सकता।

खाला-बेटा, क्या बिगाड़ के डर से ईमान की बात न कहोगे?

हमारे सोये हुए धर्म-ज्ञान की सारी सम्पत्ति लुट जाय, तो उसे खबर नहीं होता, परन्तु ललकार सुनकर वह सचेत हो जाता है। फिर उसे कोई जीत नहीं सकता। अलगू इस सवाल का काई उत्तर न दे सका, पर उसके हृदय में ये शब्द गूँज रहे थे-

क्या बिगाड़ के डर से ईमान की बात न कहोगे?

4

संध्या समय एक पेड़ के नीचे पंचायत बैठी। शेख जुम्मन ने पहले से ही फर्श बिछा रखा था। उन्होंने पान, इलायची, हुक्के-तम्बाकू आदि का प्रबन्ध भी किया था। हाँ, वह स्वय अलबत्ता अलगू चौधरी के साथ जरा दूर पर बैठेजब पंचायत में कोई आ जाता था, तब दवे हुए सलाम से उसका स्वागत करते थे। जब सूर्य अस्त हो गया और चिड़ियों की कलरवयुक्त पंचायत पेड़ों

पर बैठी, तब यहाँ भी पंचायत शुरू हुई। फर्श की एक-एक अंगुल जमीन भर गयी; पर अधिकांश दर्शक ही थे। निमंत्रित महाशयों में से केवल वे ही लोग पधारे थे, जिन्हें जुम्मन से अपनी कुछ कसर निकालनी थी। एक कोने में आग सुलग रही थी। नाई ताबड़तोड़ चिलम भर रहा था। यह निर्णय करना असम्भव था कि सुलगते हुए उपलों से अधिक धुआँ निकलता था या चिलम के दमों से। लड़के इधर-उधर दौड़ रहे थे। कोई आपस में गाली-गलौज करते और कोई रोते थे। चारों तरफ कोलाहल मच रहा था। गाँव के कुत्ते इस जमाव को भोज समझकर झुंड के झुंड जमा हो गए थे।

पंच लोग बैठ गये, तो बूढ़ी खाला ने उनसे विनती की-

'पंचों, आज तीन साल हुए, मैंने अपनी सारी जायदाद अपने भानजे जुम्मन के नाम लिख दी थी। इसे आप लोग जानते ही होंगे। जुम्मन ने मुझे ता-हयात रोटी-कपड़ा देना कबूल किया। साल-भर तो मैंने इसके साथ रो-धोकर काटा। पर अब रात-दिन का रोना नहीं सहा जाता। मुझे न पेट की रोटी मिलती है न तन का कपड़ा। बेकस बेवा हूँ। कचहरी दरबार नहीं कर सकती। तुम्हारे सिवा और किसको अपना दुःख सुनाऊँ? तुम लोग जो राह निकाल दो, उसी राह पर चलूँ। अगर मुझमें कोई ऐब देखो, तो मेरे मुँह पर थप्पड़ मारी। जुम्मन में बुराई देखो, तो उसे समझाओं, क्यों एक बेकस की आह लेता है! मैं पंचों का हुक्म सिर-माथे पर चढ़ाऊँगी।'

रामधन मिश्र, जिनके कई असामियों को जुम्मन ने अपने गांव में बसा लिया था, बोले-जुम्मन मियां किसे पंच बदते हो? अभी से इसका निपटारा कर लो। फिर जो कुछ पंच कहेंगे, वही मानना पड़ेगा।

जुम्मन को इस समय सदस्यों में विशेषकर वे ही लोग दीख पड़े, जिनसे किसी न किसी कारण उनका वैमनस्य था। जुम्मन बोले-पंचों का हुक्म अल्लाह का हुक्म है। खालाजान जिसे चाहें, उसे बदें। मुझे कोई उज्र नहीं।

खाला ने चिल्लाकर कहा--अरे अल्लाह के बन्दे! पंचों का नाम क्यों नहीं बता देता? कुछ मुझे भी तो मालूम हो।

जुम्मन ने क्रोध से कहा--इस वक्त मेरा मुँह न खुलवाओ। तुम्हारी बन पड़ी है, जिसे चाहो, पंच बदो।

खालाजान जुम्मन के आक्षेप को समझ गयीं, वह बोली--बेटा, खुदा से डरो। पंच न किसी के दोस्त होते हैं, ने किसी के दुश्मन। कैसी बात कहते हो! और तुम्हारा किसी पर विश्वास न हो, तो जाने दो; अलगू चौधरी को तो मानते हो, लो, मैं उन्हीं को सरपंच बदती हूँ।

जुम्मन शेख आनंद से फूल उठे, परन्तु भावों को छिपा कर बोले--अलगू ही सही, मेरे लिए जैसे रामधन वैसे अलगू।

अलगू इस झमेले में फँसना नहीं चाहते थे। वे कन्नी काटने लगे। बोले--खाला, तुम जानती हो कि मेरी जुम्मन से गाढ़ी दोस्ती है।

खाला ने गम्भीर स्वर में कहा--'बेटा, दोस्ती के लिए कोई अपना ईमान नहीं बेचता। पंच के दिल में खुदा बसता है। पंचों के मुँह से जो बात निकलती है, वह खुदा की तरफ से निकलती है।'

अलगू चौधरी सरपंच हुएं रामधन मिश्र और जुम्मन के दूसरे विरोधियों ने बुढ़िया को मन में बहुत कोसा।

अलगू चौधरी बोले--शेख जुम्मन! हम और तुम पुराने दोस्त हैं! जब काम पड़ा, तुमने हमारी मदद की है और हम भी जो कुछ बन पड़ा, तुम्हारी सेवा करते रहे हैं; मगर इस समय तुम और बुढ़ी खाला, दोनों हमारी निगाह में बराबर हो। तुमको पंचों से जो कुछ अर्ज करनी हो, करो।

जुम्मन को पूरा विश्वास था कि अब बाजी मेरी है। अलग यह सब दिखावे की बातें कर रहा है। अतएव शांत-चित्त हो कर बोले--पंचों, तीन साल हुए खालाजान ने अपनी जायदाद मेरे नाम हिब्बा कर दी थी। मैंने उन्हें ता-हयात खाना-कपड़ा देना कबूल किया था। खुदा गवाह है, आज तक मैंने खालाजान को कोई

तकलीफ नहीं दी। मैं उन्हें अपनी माँ के समान समझता हूँ। उनकी खिदमत करना मेरा फर्ज है; मगर औरतों में जरा अनबन रहती है, उसमें मेरा क्या बस है? खालाजान मुझसे माहवार खर्च अलग माँगती है। जायदाद जितनी है; वह पंचों से छिपी नहीं। उससे इतना मुनाफा नहीं होता है कि माहवार खर्च दे सकूँ। इसके अलावा हिब्बानामे में माहवार खर्च का कोई जिक्र नही। नहीं तो मैं भूलकर भी इस झमेले मे न पड़ता। बस, मुझे यही कहना है। आइंदा पंचों का अख्तियार है, जो फैसला चाहें, करे।

अलगू चौधरी को हमेशा कचहरी से काम पड़ता था। अतएव वह पूरा कानूनी आदमी था। उसने जुम्मन से जिरह शुरू की। एक-एक प्रश्न जुम्मन के हृदय पर हथौड़ी की चोट की तरह पड़ता था। रामधन मिश्र इस प्रश्नों पर मुग्ध हुए जाते थे। जुम्मन चकित थे कि अलगू को क्या हो गया। अभी यह अलगू मेरे साथ बैठी हुआ कैसी-कैसी बातें कर रहा था! इतनी ही देर में ऐसी कायापलट हो गयी कि मेरी जड़ खोदने पर तुला हुआ है। न मालूम कब की कसर यह निकाल रहा है? क्या इतने दिनों की दोस्ती कुछ भी काम न आवेगी?

जुम्मन शेख तो इसी संकल्प-विकल्प में पड़े हुए थे कि इतने में अलगू ने फैसला सुनाया--

जुम्मन शेख! पंचों ने इस मामले पर विचार किया। उन्हें यह नीति संगत मालूम होता है कि खालाजान को माहवार खर्च दिया जाय। हमारा विचार है कि खाला की जायदाद से इतना मुनाफा अवश्य होता है कि माहवार खर्च दिया जा सके। बस, यही हमारा फैसला है। अगर जुम्मन को खर्च देना मंजूर न हो, तो हिब्बानामा रद्द समझा जाय। यह फैसला सुनते ही जुम्मन सन्नाटे में आ गये। जो अपना मित्र हो, वह शत्रु का व्यवहार करे और गले पर छुरी फेरे, इसे समय के हेर-फेर के सिवा और क्या कहें? जिस पर पूरा भरोसा था, उसने समय पड़ने पर धोखा दिया। ऐसे ही अवसरों पर झूठे-सच्चे मित्रों की परीक्षा की जाती है। यही कलियुग की दोस्ती

है। अगर लोग ऐसे कपटी-धोखेबाज न होते, तो देश में आपत्तियों का प्रकोप क्यों होता? यह हैजा-प्लेग आदि व्याधियाँ दुष्कर्मों के ही दंड हैं। मगर रामधन मिश्र और अन्य पंच अलगू चौधरी की इस नीति-परायणता को प्रशंसा जी खोलकर कर रहे थे। वे कहते थे--इसका नाम पंचायत है! दूध का दूध और पानी का पानी कर दिया। दोस्ती, दोस्ती की जगह है, किन्तु धर्म का पालन करना मुख्य है। ऐसे ही सत्यवादियों के बल पर पृथ्वी ठहरी है, नहीं तो वह कब की रसातल को चली जाती।

इस फैसले ने अलगू और जुम्मन की दोस्ती की जड़ हिला दी। अब वे साथ-साथ बातें करते नहीं दिखायी देते। इतना पुराना मित्रता-रूपी वृक्ष।

सत्य का एक झोंका भी न सह सका। सचमुच वह बालू की ही जमीन पर खड़ा था।

उनमें अब शिष्टाचार का अधिक व्यवहार होने लगा। एक दूसरे की आवभगत ज्यादा करने लगा। वे मिलते-जुलते थे, मगर उसी तरह जैसे तलवार से ढाल मिलती है।

जुम्मन के चित्त में मित्र की कुटिलता आठों पहर खटका करती थी। उसे हर घड़ी यही चिंता रहती थी कि किसी तरह बदला लेने का अवसर मिले।

5

अच्छे कामों की सिद्धि में बड़ी दरे लगती है; पर बुरे कामों की सिद्धि में यह बात नहीं होती; जुम्मन को भी बदला लेने का अवसर जल्द ही मिल गया। पिछले साल अलगू चौधरी बटेसर से बैलों की एक बहुत अच्छी गोई मोल लाये थे। बैल पछाहीं जाति के सुंदर, बडे-बड़े सीगोंवाले थे। महीनों तक आस-पास के गाँव के लोग दर्शन करते रहे। दैवयोग से जुम्मन की पंचायत के एक महीने के बाद इस जोड़ी का एक बैल मर गया। जुम्मन ने दोस्तों से कहा--यह दगाबाजी की सजा है। इन्सान सब्र भले ही कर जाय,

पर खुदा नेक-बद सब देखता है। अलगू को संदेह हुआ कि जुम्मन ने बैल को विष दिला दिया है। चौधराइन ने भी जुम्मन पर ही इस दुर्घटना का दोषारोपण किया उसने कहा--जुम्मन ने कुछ कर-करा दिया है। चौधराइन और करीमन में इस विषय पर एक दिन खुब ही वाद-विवाद हुआ दोनों देवियों ने शब्द-बाहुल्य की नदी बहा दी। व्यंगय, वक्तोक्ति अन्योक्ति और उपमा आदि अलंकारों में बातें हुईं। जुम्मन ने किसी तरह शांति स्थापित की। उन्होंने अपनी पत्नी को डाँट-डपट कर समझा दिया। वह उसे उस रणभूमि से हटा भी ले गये। उधर अलगू चौधरी ने समझाने-बुझाने का काम अपने तर्क-पूर्ण सोंटे से लिया।

अब अकेला बैल किस काम का? उसका जोड़ बहुत ढूँढ़ा गया, पर न मिला। निदान यह सलाह ठहरी कि इसे बेच डालना चाहिए। गाँव में एक समझू साहु थे, वह इक्का-गाड़ी हाँकते थे। गाँव के गुड़-घी लाद कर मंडी ले जाते, मंडी से तेल, नमक भर लाते, और गाँव में बेचते। इस बैल पर उनका मन लहराया। उन्होंने सोचा, यह बैल हाथ लगे तो दिन-भर में बेखटके तीन खेप हों। आज-कल तो एक ही खेप में लाले पड़े रहते हैं। बैल देखा, गाड़ी में दोड़ाया, बाल-भौरी की पहचान करायी, मोल-तोल किया और उसे ला कर द्वार पर बाँध ही दिया। एक महीने में दाम चुकाने का वादा ठहरा। चौधरी को भी गरज थी ही, घाटे की परवाह न की।

समझू साहु ने नया बैल पाया, तो लगे उसे रगेदने। वह दिन में तीन-तीन, चार-चार खेपें करने लगे। न चारे की फिक्र थी, न पानी की, बस खेपों से काम था। मंडी ले गये, वहाँ कुछ सूखा भूसा सामने डाल दिया। बेचारा जानवर अभी दम भी न लेने पाया था कि फिर जोत दिया। अलगू चौधरी के घर था तो चौन की बंशी बचती थी। बैलराम छठे-छमाहे कभी बहली में जोते जाते थे। खूब उछलते-कूदते और कोसों तक दौड़ते चले जाते थे। वहाँ बैलराम का रातिब था, साफ पानी, दली हुई अरहर की दाल और भूसे के साथ खली, और यही नहीं, कभी-कभी घी का स्वाद भी चखने

को मिल जाता था। शाम-सबेरे एक आदमी खरहरे करता, पोंछता और सहलाता था। कहाँ वह सुख-चौन, कहाँ यह आठों पहर कही खपत। महीने-भर ही में वह पिस-सा गया। इक्के का यह जुआ देखते ही उसका लहू सूख जाता था। एक-एक पग चलना दूभर था। हडिडयाँ निकल आयी थी; पर था वह पानीदार, मार की बरदाश्त न थी। एक दिन चौथी खेप में साहु जी ने दूना बोझ लादा। दिन-भरका थका जानवर, पैर न उठते थे। पर साहू जी कोड़े फटकारने लगे। बस, फिर क्या था, बैल कलेजा तोड़ का चला। कुछ दूर दौड़ा और चाहा कि जरा दम ले लूँ; पर साहू जी को जल्द पहुँचने की फिक्र थी; अतएव उन्होंने कई कोड़े बड़ी निर्दयता से फटकारे। बैल ने एक बार फिर जोर लगाया; पर अबकी बार शक्ति ने जवाब दे दिया। वह धरती पर गिर पड़ा, और ऐसा गिरा कि फिर न उठा। साहु जी ने बहुत पीटा, टाँग पकड़कर खीचा, नथनों में लकड़ी ठूँस दी; पर कहीं मृतक भी उठ सकता है? तब साहू जी को कुछ शक हुआ। उन्होंने बैल को गौर से देखा, खोलकर अलग किया; और सोचने लगे कि गाड़ी कैसे घर पहुँचे। बहुत चीखे-चिल्लाये; पर देहात का रास्ता बच्चों की ऑख की तरह साँझ होते ही बंद हो जाता है। कोई नजर न आया। आस-पास कोई गाँव भी न था। मारे क्रोध के उन्होंने मरे हुए बैल पर और दुर्रे लगाये और कोसने लगे--अभागे। तुझे मरना ही था, तो घर पहुँचकर मरता! ससुरा बीच रास्ते ही में मर रहा। अब गड़ी कौन खीचे? इस तरह साहू जी खूब जले-भुने। कई बोरे गुड़ और कई पीपे घी उन्होंने बेचे थे, दो-ढाई सौ रुपये कमर में बंधे थे। इसके सिवा गाड़ी पर कई बोरे नमक थे; अतएव छोड़ कर जा भी न सकते थे। लाचार वेचारे गाड़ी पर ही लेटे गये। वहीं रतजगा करने की ठान ली। चिलम पी, गाया। फिर हुक्का पिया। इस तरह साह जी आधी रात तक नींद को बहलाते रहें। अपनी जान में तो वह जागते ही रहे; पर पौ फटते ही जो नींद टूटी और कमर पर हाथ रखा, तो थैली गायब! घबरा कर इधर-उधर देखा तो कई कनस्तर तेल भी नदारत! अफसोस में

बेचारे ने सिर पीट लिया और पछाड़ खाने लगा। प्रातः काल रोते-बिलखते घर पहँचे। सहुआइन ने जब यह बूरी सुनावनी सुनी, तब पहले तो रोयी, फिर अलगू चौधरी को गालियाँ देने लगी--निगोड़े ने ऐसा कुलच्छनी बैल दिया कि जन्म-भर की कमाई लुट गयी। इस घटना को हुए कई महीने बीत गए। अलगू जब अपने बैल के दाम माँगते तब साहु और सहुआइन, दोनों ही झल्लाये हुए कुत्ते की तरह चढ़ बैठते और अंड-बंड बकने लगते-वाह! यहाँ तो सारे जन्म की कमाई लुट गई, सत्यानाश हो गया, इन्हें दामों की पड़ी है। मुर्दा बैल दिया था, उस पर दाम माँगने चले हैं! आँखों में धूल झोंक दी, सत्यानाशी बैल गले बाँध दिया, हमें निरा पोंगा ही समझ लिया है! हम भी बनिये के बच्चे है, ऐसे बुद्धू कहीं और होंगे। पहले जाकर किसी गड़हे में मुँह धो आओ, तब दाम लेना। न जी मानता हो, तो हमारा बैल खोल ले जाओ। महीना भर के बदले दो महीना जोत लो। और क्या लोगे?

चौधरी के अशुभचिंतकों की कमी न थी। ऐसे अवसरें पर वे भी एकत्र हो जाते और साहु जी के बराने की पुष्टि करते। परन्तु डेढ़ सौ रुपये से इस तरह हाथ धो लेना आसान न था। एक बार वह भी गरम पड़े। साहु जी बिगड़ कर लाठी ढूँढ़ने घर चले गए। अब सहुआइन ने मैदान लिया। प्रश्नोत्तर होते-होते हाथापाई की नौबत आ पहुँची। सहुआइन ने घर में घुस कर किवाड़ बन्द कर लिए। शोरगुल सुनकर गाँव के भलेमानस घर से निकाला। वह परामर्श देने लगे कि इस तरह से काम न चलेगा। पंचायत कर लो। कुछ तय हो जाय, उसे स्वीकार कर लो। साहु जी राजी हो गए। अलगू ने भी हामी भर ली।

6

पंचायत की तैयारियाँ होने लगीं। दोनों पक्षों ने अपने-अपने दल बनाने शुरू किए। इसके बाद तीसरे दिन उसी वृक्ष के नीचे पंचायत बैठी। वही संध्या का समय था। खेतों में कौए पंचायत कर रहे थे। विवादग्रस्त विषय था यह कि मटर की फलियों पर उनका

कोई स्वत्व है या नही, और जब तक यह प्रश्न हल न हो जाय, तब तक वे रखवाले की पुकार पर अपनी अप्रसन्नता प्रकट करना आवश्यकत समझते थे। पेड़ की डालियों पर बैठी शुक-मंडली में वह प्रश्न छिड़ा हुआ था कि मनुष्यों को उन्हें वेसुरौवत कहने का क्या अधिकार है, जब उन्हें स्वयं अपने मित्रों से दगां करने में भी संकोच नहीं होता।

पंचायत बैठ गई, तो रामधन मिश्र ने कहा-अब देरी क्या है? पंचों का चुनाव हो जाना चाहिए। बोलो चौधरी; किस-किस को पंच बदते हो।

अलगू ने दीन भाव से कहा-समझू साहु ही चुन लें।

समझू खड़े हुए और कड़कर बोले-मेरी ओर से जुम्मन शेख।

जुम्मन का नाम सुनते ही अलगू चौधरी का कलेजा धक्-धक् करने लगा, मानों किसी ने अचानक थप्पड़ मारा दिया हो। रामधन अलगू के मित्र थे। वह बात को ताड़ गए। पूछा-क्यों चौधरी तुम्हें कोई उज्र तो नही। चौधरी ने निराश हो कर कहा-नहीं, मुझे क्या उज्र होगा?

अपने उत्तरदायित्व का ज्ञान बहुधा हमारे संकुचित व्यवहारों का सुधारक होता है। जब हम राह भूल कर भटकने लगते हैं तब यही ज्ञान हमारा विश्वसनीय पथ-प्रदर्शक बन जाता है।

पत्र-संपादक अपनी शांति कुटी में बैठा हुआ कितनी धृष्टता और स्वतंत्रता के साथ अपनी प्रबल लेखनी से मंत्रिमंडल पर आक्रमण करता है: परंतु ऐसे अवसर आते हैं, जब वह स्वयं मंत्रिमंडल में सम्मिलित होता है। मंडल के भवन में पग धरते ही उसकी लेखनी कितनी मर्मज्ञ, कितनी विचारशील, कितनी न्याय-परायण हो जाती है। इसका कारण उत्तर-दायित्व का ज्ञान है। नवयुवक युवावस्था में कितना उद्दंड रहता है। माता-पिता उसकी ओर से कितने चितिति रहते है! वे उसे कुल-कलंक समझते हैंपरन्तु थौड़ी ही समय में परिवार का बौझ सिर पर पड़ते ही वह अव्यवस्थित-चित्त उन्मत्त

युवक कितना धैर्यशील, कैसा शांतचित्त हो जाता है, यह भी उत्तरदायित्व के ज्ञान का फल है।

जुम्मन शेख के मन में भी सरपंच का उच्च स्थान ग्रहण करते ही अपनी जिम्मेदारी का भाव पेदा हुआ। उसने सोचा, मैं इस वक्त न्याय और धर्म के सर्वोच्च आसन पर बैठा हूँ। मेरे मुँह से इस समय जो कुछ निकलेगा, वह देववाणी के सदृश है–और देववाणी में मेरे मनोविकारों का कदापि समावेश न होना चाहिए। मुझे सत्य से जौ भर भी टलना उचित नही!

पंचों ने दोनों पक्षों से सवाल-जवाब करने शुरू किए। बहुत देर तक दोनों दल अपने-अपने पक्ष का समर्थन करते रहे। इस विषय में तो सब सहमत थे कि समझू को बैल का मूल्य देना चाहिए। परन्तु वो महाशय इस कारण रियायत करना चाहते थे कि बैल के मर जाने से समझू को हानि हुई। उसके प्रतिकूल दो सभ्य मूल के अतिरिक्त समझू को दंड भी देना चाहते थे, जिससे फिर किसी को पशुओं के साथ ऐसी निर्दयता करने का साहस न हो। अन्त में जुम्मन ने फैसला सुनाया–

अलगू चौधरी और समझू साहु। पंचों ने तुम्हारे मामले पर अच्छी तरह विचार किया। समझू को उचित है कि बैल का पूरा दाम दें। जिस वक्त उन्होंने बैल लिया, उसे कोई बीमारी न थी। अगर उसी समय दाम दे दिए जाते, तो आज समझू उसे फेर लेने का आग्रह न करते। बैल की मृत्यु केवल इस कारण हुई कि उससे बड़ा कठिन परिश्रम लिया गया और उसके दाने-चारे का कोई प्रबंध न किया गया।

रामधन मिश्र बोले–समझू ने बैल को जान-बूझ कर मारा है, अतएव उससे दंड लेना चाहिए।

जुम्मन बोले–यह दूसरा सवाल है। हमको इससे कोई मतलब नहीं!

झगड़ू साहु ने कहा–समझू के साथ कुछ रियायत होनी चाहिए।

जुम्मन बोले–यह अलगू चौधरी की इच्छा पर निर्भर है। यह रियायत करें, तो उनकी भलमनसी।

अलगू चौधरी फूले न समाए। उठ खड़े हुए और जोर से बोले–पंच–परमेश्वर की जय!

इसके साथ ही चारों ओर से प्रतिध्वनि हुई–पंच परमेश्वर की जय! यह मनुष्य का काम नहीं, पंच में परमेश्वर वास करते हैं, यह उन्हीं की महिमा है। पंच के सामने खोटे को कौन खरा कह सकता है?

थोड़ी देर बाद जुम्मन अलगू के पास आए और उनके गले लिपट कर बोले–भैया, जब से तुमने मेरी पंचायत की तब से मैं तुम्हारा प्राण–घातक शत्रु बन गया था; पर आज मुझे ज्ञात हुआ कि पंच के पद पर बैठ कर न कोई किसी का दोस्त है, न दुश्मन। न्याय के सिवा उसे और कुछ नहीं सूझता। आज मुझे विश्वास हो गया कि पंच की जबान से खुदा बोलता है। अलगू रोने लगे। इस पानी से दोनों के दिलों का मैल धुल गया। मित्रता की मुरझाई हुई लता फिर हरी हो गई।

बूढ़ी काकी

बूढ़ी काकी में जिह्वा-स्वाद के सिवा और कोई चेष्टा शेष न थी और न अपने कष्टों की ओर आकर्षित करने का रोने के अतिरिक्त दूसरा कोई सहारा ही। समस्त इन्द्रियां, नेत्र, हाथ और पैर जवाब दे चुके थे। पृथ्वी पर पड़ी रहतीं और जब घरवाले कोई बात उनकी इच्छा के प्रतिकूल करते या भोजन का समय टल जाता, उसका परिमाण पूर्ण न होता अथवा बाजार से कोई वस्तु आती और उन्हें न मिलती तो रोने लगती थीं। उनका रोना-सिसकना साधारण न था, वह गला फाड़-फाड़कर रोती थीं।

उनके पतिदेव को स्वर्ग सिधारे कालान्तर हो चुका था। बेटे तरुण हो होकर चल बसे थे। अब एक भतीजे के सिवाय और कोई न था। उसी भतीजे के नाम उन्होंने अपनी सारी सम्पत्ति लिख दी थी। भतीजे ने सम्पत्ति लिखाते समय तो खूब लम्बे-चौड़े वादे किये, परन्तु वे सब वादे केवल कुली डिपो के दलालों के दिखाए हुए सब्जबाग थे। यद्यपि उस सम्पत्ति की वार्षिक आय डेढ़-दो सौ रुपये से कम न थी तथापि बूढ़ी काकी को पेट भर भोजन भी कठिनाई से मिलता था। इसमें उनके भतीजे पंडित बुद्धिराम का अपराध था अथवा उनकी अर्द्धांगिनी श्रीमति रूपा का, इसका निर्णय करना सहज नहीं। बुद्धिराम स्वभाव के सज्जन थे; किन्तु उसी समय तक जब तक कि उनके कोष पर कोई आंच न आये। रूपा स्वभाव से तीव्र थी सही, पर ईश्वर से डरती थी। अतएव

बूढ़ी काकी को उसकी तीव्रता उतनी न खलती थी जितनी बुद्धिराम की भलमनसाहत।

बुद्धिराम को कभी-कभी अपने अत्याचार का खेद होता था। विचारते कि इसी सम्पत्ति के कारण मैं इस समय भलामानुस बना बैठा हूँ। यदि मौखिक आश्वासन और सूखी सहानुभूति से स्थिति में सुधार हो सकता तो उन्हें कदाचित् कोई आपत्ति न होती, परन्तु विशेष व्यय का भय उनकी सचेष्टा को दबाये रखता था। यहाँ तक कि यदि द्वार पर कोई भला आदमी बैठा होता और बूढ़ी काकी उस समय अपना राग अलापने लगतीं तो वह आग हो जाते और घर में आकर जोर से डाँटते। लड़कों को बुड्ढों से स्वभाविक विद्वेष होता ही है और फिर जब माता-पिता का यह रंग देखते तो बूढ़ी काकी को और भी सताया करते। कोई चुटकी काट कर भागता, कोई उन पर पानी की कुल्ली कर देता। काकी चीख मार कर रोतीं; परन्तु यह बात प्रसिद्ध थी कि वह केवल खाने के लिये रोती हैं; अतएव उनके संताप और आर्तनाद पर कोई ध्यान नहीं देता था। हाँ, काकी कभी क्रोधातुर होकर बच्चों को गालियां देने लगतीं तो रूपा घटनास्थल पर अवश्य आ पहुंचती। इस भय से काकी अपनी जिह्वा-कृपाण का कदाचित् ही प्रयोग करती थीं, यद्यपि उपद्रव शान्ति का यह उपाय रोने से कहीं अधिक उपयुक्त था।

सम्पूर्ण परिवार में यदि काकी से किसी को अनुराग था, तो वह बुद्धिराम की छोटी लड़की लाड़ली थी। लाड़ली अपने दोनों भाइयों के भय से से अपने हिस्से की मिठाई-चबेना बूढ़ी काकी के पास बैठकर खाया करती थी। यही उसका रक्षागार था और यद्यपि काकी की शरण उनकी लोलुपता के कारण बहुत महंगी पड़ती थी, तथापि भाइयों के अन्याय से कहीं सुलभ थी। इसी स्वार्थानुकूलता ने उन दोनों में प्रेम और सहानुभूति का आरोपण कर दिया था।

रात का समय था। बुद्धिराम के द्वार पर शहनाई बज रही थी और गांव के बच्चों का झुण्ड विस्मयपूर्ण नेत्रों से गाने का रसास्वादन कर रहा था। चारपाइयों पर मेहमान विश्राम करते हुए नाइयों से

मुक्कियां लगवा रहे थे। समीप ही खड़ा हुआ भाट बिरदाावली सुना रहा था और कुछ भावज्ञ मेहमानों के "वाह, वाह" पर ऐसा खुश हो रहा था मानो इस वाह वाह का यथार्थ में वही अधिकारी है। दो एक अंग्रेजी पढ़े नवयुवक इन व्यवहारों से उदासीन थे। वे इस गंवार-मण्डली में सम्मिलित होना अपनी प्रतिष्ठा के प्रतिकूल समझते थे।

आज बुद्धिराम के बड़े लड़के सुखराम का तिलक आया है। यह उसी का उत्सव है। घर के भीतर स्त्रियां गा रही थीं और रूपा मेहमानों के लिये भोजन के प्रबन्ध में व्यस्त थी। भट्टियों पर कड़ाही चढ़े थे। एक में पूरियां-कचौरियां निकल रही थीं। दूसरे में अन्य पकवान बन रहे थे। एक बड़े हंडे में मसालेदार तरकारी पक रही थी। घी और मसाले की क्षुधावर्धक सुगंधि चारों ओर फैली हुई थी।

बूढ़ी काकी अपनी कोठरी में शोकमय विचार की भांति बैठी हुई थीं। वह स्वाद-मिश्रित सुगन्धि उन्हें बेचौन कर रही थी। वे मन ही मन विचार कर रही थीं, संभवतः मुझे पूड़ियां न मिलेंगी। इतनी देर हो गयी, कोई भोजन लेकर नहीं आया, मालूम होता है, सब लोग भोजन कर चुके। मेरे लिये कुछ न बचा। यह सोच कर उन्हें रोना आया, परन्तु अपशकुन के भय से वे रो न सकीं।

"आहा! कैसी सुगन्धि है! अब मुझे कौन पूछता है? जब रोटियों के ही लाले पड़े हैं तब ऐसे भाग्य कहाँ कि भरपेट पूड़ियां मिलें?" यह विचार कर उन्हें रोना आया, कलेजे में एक हूक सी उठने लगी, परन्तु रूपा के भय से उन्होंने फिर मौन धारण कर लिया।

बूढ़ी काकी देर तक इन्हीं दुःखदायक विचारों में डूबी रहीं। घी और मसालों की सुगन्धि रह-रह कर मन को आपे से बाहर किये देती थी। मुंह में पानी भर-भर आता था। पूड़ियों का स्वाद स्मरण कर हृदय में गुदगुदी होने लगती थी। किसे पुकारूं; आज लाड़ली बेटी भी नहीं आई। दोनों छोकड़े सदा दिक किया करते हैं। आज उनका भी कहीं पता नहीं। कुछ मालूम तो होता कि क्या बन रहा है।

बूढ़ी काकी की कल्पना में पूड़ियों की तस्वीर नाचने लगी। खूब लाल-लाल, फूली-फूली, नरम-नरम होंगी। रूपा ने भलीभांति मोयन दिया होगा। कचौरियों में अजवाइन और इलायची की महक आ रही होगी। एक पूरी मिलती तो जरा हाथ में लेकर देखती। क्यों न चलकर कढ़ाह से सामने ही बैठूं। पूड़ियां छन-छन कर तैरती होंगी। कढ़ाह से गरम गरम निकल कर थाल में रखी जाती होंगी। फूल हम घर में भी सूंघ सकते हैं; परन्तु वाटिका में कुछ और बात होती है। इस प्रकार निर्णय करके बूढ़ी काकी उकड़ू बैठकर हाथों के बल सरकती हुई बड़ी कठिनाई से चौखट उतरीं और ध ीरे धीरे रंगती हुई कढ़ाह के पास जा बैठीं। यहां आने पर उन्हें उतना ही धैर्य हुआ जितना भूखे कुत्ते को खाने वाले के सम्मुख बैठने पर होता है।

रूपा उस समय कार्यभार से उद्विग्न हो रही थी। कभी इस कोठे में जाती, कभी उस कोठे में; कभी कड़ाह के पास आती कभी भण्डार में जाती। किसी ने बाहर से आकर कहा-महाराज ठंडई मांग रहे हैं। ठंडई देने लगी। इतने में फिर किसी ने आकर कहा-भाट आया है, उसे कुछ दे दो। भाट के लिये सीधा निकाल रही थी कि एक तीसरे आदमी ने आकर पूछा - "अभी भोजन तैयार होने में कितना विलम्ब है? जरा ढोल मजीरा उतार दो।"

बेचारी अकेली स्त्री दौड़ते-दौड़ते व्याकुल हो रही थी, झुंझलाती थी, कुढ़ती थी, परन्तु रोष प्रकट करने का अवसर न पाती थी। भय होता, कहीं पड़ौसिनें यह न कहने लगें कि इतने में ही उबल पड़ी। प्यास से उसका कण्ठ सूख रहा था। गर्मी के मारे फुंकी जाती थी, परन्तु इतना अवकाश भी नहीं था कि जरा पानी पी ले अथवा पंखा लेकर झले। यह भी खटका था कि जरा आंख हटी और चीजों की लूट मची।

इस अवस्था में बूढ़ी काकी को कड़ाह के पास बैठा देखा तो जल गई। क्रोध न रुक सका। इसका भी ध्यान न रहा कि पड़ोसिनें बैठी हुई हैं, मन में क्या कहेंगी, पुरुषों में लोग सुनेंगे तो क्या

कहेंगे। जिस प्रकार मेंढक केंचुए पर झपटता है, उसी प्रकार वह बूढ़ी काकी पर झपटी और उन्हें दोनों हाथों से झिंझोड़ कर बोली– श्ऐसे पेट में आग लगे, पेट है या भाड़? कोठरी में बैठते क्या दम घुटता था? अभी मेहमानों ने नहीं खाया, भगवान को भोग नहीं लगा; तब तक धैर्य न हो सका? आकर छाती पर सवार हो गयीं। जल जाय ऐसी जीभ। दिन भर खाती न होतीं तो न जाने किस की हांडी में मुंह डालतीं? गाँव देखेगा तो कहेगा बुढ़िया भरपेट खाने को नहीं पाती, तब तो इस तरह मुँह बाये फिरती है। डाईन मरे न मांचा छोड़े। नाम बेचने पर लगी है। नाक कटवा कर दम लेगी। इतना ठूंसती है, न जाने कहाँ भस्म हो जाती हो जाता है। लो! भला चाहती हो तो जाकर कोठरी में बैठो, जब घर के लोग खाने लगेंगे तब तुम्हें भी मिलेगा। तुम कोई देवी नहीं हो कि चाहे किसी के मुंह में पानी न जाये परन्तु तुम्हारी पूजा पहले हो जाय।"

बूढ़ी काकी ने सिर न उठाया, न रोई, न बोलीं। चुपचाप रेंगती हुई अपनी कोठरी में चली गयीं।आघात ऐसा कठोर था कि हृदय और मस्तिष्क की सम्पूर्ण शक्तियां, सम्पूर्ण विचार और सम्पूर्ण भार उसी ओर आकर्षित हो गये थे। नदी में जब कगार का कोई वृहदखण्ड कटकर गिरता है तो आस-पास का जलसमूह चारों ओर से उसी स्थान को पूरा करने के लिये दौड़ता है।

भोजन तैयार हो गया। आंगन में पत्तल पड़ गये। मेहमान खाने लगे। स्त्रियों ने जेवनार गीत गाना आरम्भ कर दिया। मेहमानों के नाई और सेवकगण भी उसी मण्डली के साथ, किन्तु कुछ हटकर, भोजन करने बैठे थे, परन्तु सभ्यतानुसार जब तक सबके सब खा न चुकें कोई उठ नहीं सकता था। दो एक मेहमान जो कुछ पढ़े लिखे थे, सेवकों के दीर्घाहार पर झुंझला रहे थे। वे इस बन्धन को व्यर्थ और बेसिर-पैर की बात समझते थे।

बूढ़ी काकी अपनी कोठरी में जाकर पश्चाताप कर रही थीं कि मैं कहां से कहां आ गयी। उन्हें रूपा पर क्रोध नहीं था। अपनी जल्दबाजी पर दुःख था। सच ही तो है जब तक मेहमान लोग

भोजन न कर चुकेंगे घरवाले कैसे खायेंगे। मुझसे इतनी देर भी नहीं रहा गया। सबके सामने पानी उतर गया। अब जब तक कोई बुलाने न आयेगा न जाऊंगी।

मन ही मन इसी प्रकार विचार कर वह बुलावे की प्रतीक्षा करने लगीं। परन्तु घी का रुचिकर सुवास बड़ा ही धैर्य-परीक्षक प्रतीत हो रहा था। उन्हें एक-एक पल एक-एक युग के समान मालूम होता था। अब पत्तल बिछ गये होंगे। अब मेहमान आ गये होंगे। लोग हाथ-पैर धो रहे हैं, नाई पानी दे रहा है। मालूम होता है लोग खाने बैठ गये। जेवनार गाया जा रहा है, यह विचार कर वह मन को बहलाने के लिये लेट गयीं और धीरे धीरे एक गीत गुनगुनाने लगीं। उन्हें लगा मुझे गाते देर हो गयी। क्या इतनी देर तक लोग भोजन ही कर रहे होंगे? किसी की आवाज सुनाई नहीं देती। अवश्य ही लोग खा-पीकर चले गये। मुझे कोई बुलाने नहीं आया। रूपा चिढ़ गयी है, क्या जाने न बुलाये, सोचती हो कि अपने आप ही आवेंगी, वह कोई मेहमान तो है नहीं, जो उन्हें जाकर बुलाऊं। बूढ़ी काकी चलने को तैयार हुई। यह विश्वास कि एक मिनट में पूड़िया और मसालेदार तरकारियां सामने आयेंगी, उनकी स्वादेन्द्रियों को गुदगुदाने लगा। उन्होंने मन में तरह-तरह के मन्सूबे बांधे-पहले तरकारी से पूड़ियां खाऊंगी, फिर दही शक्कर से; कचौरिया रायते के साथ मजेदार मालूम होंगी। चाहे कोई बुरा माने चाहे भला, मैं तो मांग-मांगकर खाऊंगी। यही न लोग कहेंगे कि इन्हें विचार नहीं? कहा करें, इतने दिनों के बाद पूड़ियां मिल रही हैं तो मुंह झूठा करके थोड़े ही उठ जाऊंगी।

वह उकड़ूं बैठ कर हाथों के बल खिसकती आंगन में आयीं। परन्तु हाय रे दुर्भाग्य! अभिलाषा ने अपने पुराने स्वभाव के अनुसार समय की मिथ्या कल्पना की थी। मेहमान मण्डली अभी बैठी थी। कोई खाकर उंगलियां चाटता था, कोई तिरछे नेत्रों से देखता था कि लोग अभी खा रहे हैं या नहीं? कोई इस चिन्ता में था कि पत्तल पर पूड़ियां छूटी जाती हैं किसी तरह इन्हें भीतर रख लेता। कोई

दही खाकर जीभ चटखारता था, परन्तु दोना मांगते संकोच करता था कि इतने में बूढ़ी काकी रेंगती हुई उनके बीच में जा पहुंची। कई आदमी चौंक कर उठ खड़े हुए। पुकारने लगेङ्क अरे यह कौन बुढ़िया है? यह कहाँ से आ गई? देखो किसी को छू न दे।

पं बुद्धिराम काकी को देखते ही क्रोध से तिलमिला गये। पूड़ियों का थाल लिये खड़े थे। थाल को जमीन पर पटक दिया और जिस प्रकार निर्दयी महाजन किसी बेईमान और भगोड़े आसामी को देखते ही झपट कर उसका टेंटुआ पकड़ लेता है उसी तरह लपककर उन्होंने बूढ़ी काकी के दोनों हाथ पकड़े और घसीटते हुए लाकर उन्हें अंधेरी कोठरी में धम्म से पटक दिया। आशा रूपी वाटिका लू के एक झोंके से नष्ट–विनष्ट हो गयी।

मेहमानों ने भोजन किया। घरवालों ने भोजन किया। बाजेवाले, धोबी, चमार भी भोजन कर चुके, परन्तु बूढ़ी काकी को किसी ने न पूछा। बुद्धिराम और रूपा बूढ़ी काकी को उसकी निर्लज्जता के लिये दण्ड देने का निश्चय कर चुके थे। उनके बुढ़ापे पर, दीनता पर, हतज्ञान पर किसी को करुणा न आती थी। अकेली लाड़ली उनके लिये कुढ़ रही थी।

लाड़ली को काकी से अत्यन्त प्रेम था। बेचारी भोली लड़की थी। बाल–विनोद और चंचलता की उसमें गंध तक न थी। दोनों बार जब उसके माता पिता ने काकी को निर्दयता से घसीटा तो लाड़ली का हृदय ऐंठ कर रह गया। वह झुंझला रही थी कि यह लोग काकी को क्यों बहुत सी पूड़ियां नहीं दे देते? क्या मेहमान सब की सब खा जायेंगे? और यदि काकी ने मेहमानों से पहले खा लिया तो क्या बिगड़ जायेगा? वह काकी के पास जाकर उन्हें धैर्य देना चाहती थी; परन्तु माता के भय से न जाती थी। उसने अपने हिस्से की पूड़ियां बिलकुल न खायीं थीं। अपनी गुड़ियों की पिटारी में बन्द कर रखी थीं। वह उन पूड़ियों को काकी के पास ले जाना चाहती थी। उसका हृदय अधीर हो रहा था। बूढ़ीकाकी मेरी बात सुनते ही उठ बैठेंगी। पूड़ियां देख कर कैसी प्रसन्न होंगी!

मुझे खूब प्यार करेंगी!

रात के ग्यारह बज गये थे। रूपा आंगन में पड़ी सो रही थी। लाड़ली की आंखों में नींद न आती थी। काकी को पूड़ियां खिलाने की खुशी उसे सोने न देती थी। उसने गुड़ियों की पिटारी सामने ही रखी थी। जब विश्वास हो गया कि अम्मा सो रही है; तो वह चुपके से उठी और विचारने लगी–कैसे चलूं? चारों ओर अंधेरा था, केवल चूल्हों में आग चमक रही थी; चूल्हों के पास एक कुत्ता लेटा हुआ था। लाड़ली की दृष्टि द्वार के सामनेवाले नीम की ओर गयी। उसे मालूम हुआ कि उस पर हनुमान जी बैठे हुए हैं। उनकी पूंछ, उनकी गदा सब स्पष्ट दिखलाई दे रही थी। मारे भय के उसने आंखें बन्द कर लीं, इतने में कुत्ता उठ बैठा, लाड़ली को ढाढ़स हुआ। कई सोये हुए मनुष्यों के बदले एक जागता हुआ कुत्ता उसके लिये अधिकतर धैर्य का करण हुआ। उसने पिटारी उठायी और बूढ़ी काकी की कोठरी की ओर चली।

बूढ़ी काकी को केवल इतना स्मरण था कि किसी ने मेरे हाथ पकड़ कर घसीटे फिर ऐसा मालूम हुआ जैसे कोई पहाड़ पर उड़ाये लिये जाता है। उनके पैर बार बार पत्थरों से टकराये तब किसी ने उन्हें पहाड़ पर पटका, वे मूर्च्छित हो गयीं।

जब वे सचेत हुई तो किसी का जरा भी आहट न मिलती थी। समझा कि सब लोग खा–पीकर सो गये और उनके साथ मेरी तकदीर भी सो गयी। रात कैसे कटेगी? राम! क्या खाऊं? पेट में अग्नि धधक रही है। हा! किसी ने मेरी सुध न ली! क्या मेरा ही पेट काटने से धन जुट जायेगा? इन लोगों को इतनी भी दया नहीं आती कि न जाने बुढ़िया कब मर जाये? उसका क्यों जी दुखायें? मैं पेट की रोटियां ही खाती हूँ कि और कुछ? इस पर यह हाल! मैं अंधी–अपाहिज ठहरी, न कुछ सुनूं न बूझूं, यदि आंगन में चली गई तो बुद्धिराम से इतना कहते न बनता था कि काकी अभी लोग खा रहे हैं, फिर आना। मुझे घसीटा, पटका। उन्हीं पूड़ियों के लिये रूपा

ने सबके सामने गालियां दीं। उन्हीं पूड़ियों के लिये इतनी दुर्गति करने पर भी उनका पत्थर का कलेजा न पसीजा। सबको खिलाया, मेरी बात तक न पूछी। जब तब ही न दीं तो अब क्या देंगी?

यह विचार कर काकी निराशामय संतोष के साथ लेट गयीं। ग्लानि से गला भर-भर आता था, परन्तु मेहमानों के भय से रोती न थीं।

सहसा उनके कानों में आवाज आयी-"काकी उठो, मैं पूड़ियां लायी हूँ।"

काकी ने लाड़ली की बोली पहिचानी। चटपट उठ बैठीं। दोनों हाथों से लाड़ली को टटोला और उसे गोद में बिठा लिया। लाड़ली ने पूड़ियां निकाल कर दीं। काकी ने पूछा-"क्या तुम्हारी अम्मा ने दी हैं?"

लाड़ली ने कहा-"नहीं ये मेरे हिस्से की हैं।" काकी पूड़ियों पर टूट पड़ीं। पांच मिनट में पिटारी खाली हो गयी। लाड़ली ने पूछा-"काकी पेट भर गया?" जैसे थोड़ी सी वर्षा ठण्डक के स्थान पर और भी गर्मी पैदा कर देती है उसी भांति इन थोड़ी सी पूड़ियों ने काकी की क्षुधा और इच्छा को उत्तेजित कर दिया था। बोलीं- "नहीं बेटी, जाकर अम्मां से और मांग लाओ" लाड़ली ने कहा-"अम्मां सोती हैं, जगाऊंगी तो मारेंगी।"

काकी ने पिटारी को फिर टटोला। उसमें कुछ खुर्चन गिरे थे। उन्हें निकाल कर वे खा गयीं। बार-बार होंठ चाटती थीं, चटखारें भरती थीं।

हृदय मसोस रहा था कि और पूड़ियां कैसे पाऊं। संतोष सेतु जब टूट जाता है तब इच्छा का बहाव अपरिमित हो जाता है। मतवालों को मद का स्मरण कराना उन्हें मदान्ध बनाना है। काकी का अधीर मन इच्छा के प्रबल बहाव में बह गया। उचित और अनुचित का विचार जाता रहा। वे कुछ देर तक उस इच्छा को रोकतीं रहीं। सहसा लाड़ली से बोलीं-"मेरा हाथ पकड़ कर वहां ले चलो जहाँ

मेहमानों ने बैठकर भोजन किया है।"

लाड़ली उनका अभिप्राय समझ न सकी। उसने काकी का हाथ पकड़ा और ले जाकर जूठे पत्तलों के पास बिठला दिया। दीन, क्षुधातुर, हतज्ञान बुढ़िया पत्तलों से पूड़ियों के टुकड़े चुन-चुनकर भक्षण करने लगी। ओह! दही कितना स्वादिष्ट था, कचौरियां कितनी सलोनी, खस्ता कितने सुकोमल। काकी बुद्धिहीन होते हुए भी इतना जानती थी कि मैं जो काम कर रही हूँ वो मुझे कदापि नहीं करना चाहिये। मैं दूसरों के जूठे पत्तल चाट रही हूँ, परन्तु बुढ़ापा तृष्णा-रोग का अन्तिम समय है, जब सम्पूर्ण इच्छाएं एक ही केन्द्र पर आ जाती हैं। बूढ़ी काकी का यह केन्द्र उनकी स्वादेन्द्रिय थी।

ठीक उसी समय रूपा की आंख खुली। उसे मालूम हुआ कि लाड़ली मेरे पास नहीं है। वह चौंकी, चारपाई के इधर-उधर ताकने लगी कि कहीं नीचे तो नहीं गिर पड़ी। उसे वहां, न पाकर वह उठ बैठी तो क्या देखती है कि लाड़ली जूठे पत्तलों के पास चुपचाप खड़ी है और बूढ़ी काकी पत्तलों पर पूड़ियों के टुकडे. उठा-उठा कर खा रही है। रूपा का हृदय सन्न हो गया। किसी गाय की गर्दन पर छुरी चलते देख कर जो अवस्था उसकी होती, वही उस समय हुई।

एक ब्राह्मणी दूसरों का जूठा पत्तल टटोले, इससे अधिक शोकमय दृश्य असम्भव था। पूड़ियों के कुछ ग्रासों के लिये उसकी चचेरी सास ऐसा पतित और निकृष्ट कर्म कर रही है! यह वह दृश्य था जिसे देखकर देखने वालों के हृदय कांप उठते हैं। ऐसा प्रतीत होता मानो जमीन रुक गयी, आसमान चक्कर खा रहा है। संसार पर कोई नई विपत्ति आनेवाली है। रूपा को क्रोध न आया। शोक के सम्मुख क्रोध कहाँ? करुणा और भय से उसकी आंखें भर आईं। इस अधर्म के पाप का भागी कौन है? उसने सच्चे हृदय से गगन-मण्डल की ओर हाथ उठा कर कहा-"परमात्मा, मेरे बच्चों पर दया करो, इस अधर्म का दण्ड मुझे मत दो नहीं तो हमारा

सत्यानाश हो जायेगा।"

रूपा को अपनी स्वार्थपरता और अन्याय इस प्रकार प्रत्यक्ष रूप में कभी न दिखाई पड़ा था। वह सोचने लगी–हाय! कितनी निर्दय हूँ मैं। जिसकी सम्पत्ति से मुझे दो सौ रूपया वार्षिक आय हो रही है, उसकी यह दुर्गति! और मेरे कारण। हे दयामय भगवन! मुझसे भारी चूक हुई, मुझे क्षमा करो। आज मेरे बेटे का तिलक था सैंकड़ों मनुष्यों ने भोजन पाया। मैं उनके इशारों की दासी बनी रही। अपने नाम के लिये सैंकड़ों रुपये व्यय कर दिये, परन्तु जिसकी बदौलत हजारों रुपये खाये उसे इस उत्सव में भी भरपेट भोजन न दे सकी। केवल इस कारण तो, वह वृद्धा है, असहाय है!

रूपा ने दिया जलाया, अपने भण्डार का द्वार खोला और एक थाली में सम्पूर्ण सामग्रियां सजा कर, लिये हुए बूढ़ी काकी की ओर चली।

आधी रात जा चुकी थी, आकाश पर तारों के थाल सजे हुए थे और उन पर बैठे हुए देवगण स्वर्गीय पदार्थ सजा रहे थे, परन्तु उनमें किसी को वह परमानन्द प्राप्त न हो सकता था जो बूढ़ी काकी को अपने सम्मुख थाल देखकर प्राप्त हुआ था। रूपा ने कंठावरुद्ध स्वर में कहा–"काकी उठो, भोजन कर लो। मुझसे आज बड़ी भूल हुई, उसका बुरा न मानना। परमात्मा से प्रार्थना कर दो कि वह मेरा अपराध क्षमा कर दे।"

भोले-भाले बच्चों की भांति, जो मिठाइयां पाकर मार और तिरस्कार सब भूल जाते हैं, बूढ़ी काकी बैठी हुई खाना खा रही थीं। उनके एक-एक रोयें से सच्ची सदिच्छाएं निकल रही थीं और रूपा बेठी इस स्वर्गीय दृश्य का आनन्द लूटने में निमग्न थी।

रामलीला

इधर एक मुद्दत से रामलीला देखने नहीं गया। बंदरों के भद्दे चेहरे लगाए, आधी टाँगों का पाजामा और काले रंग का ऊँचा कुरता पहने आदमियों को दौड़ते, हू-हू करते देख कर अब हँसी आती है; मजा नहीं आता। काशी की लीला जगद्विख्यात है। सुना है, लोग दूर-दूर से देखने आते हैं। मैं भी बड़े शौक से गया; पर मुझे तो वहाँ की लीला और किसी बज्र देहात की लीला में कोई अंतर न दिखाई दिया। हाँ, रामनगर की लीला में कुछ साज-सामान अच्छे हैं। राक्षसों और बंदरों के चेहरे पीतल के हैं, गदाएँ भी पीतल की हैं; कदाचित् नवासी भ्राताओं के मुकुट सच्चे काम के हों; लेकिन साज-सामान के सिवा वहाँ भी वही हू-हू के सिवा और कुछ नहीं। फिर भी लाखों आदमियों की भीड़ लगी रहती।

लेकिन एक जमाना वह था, जब मुझे भी रामलीला में आनंद आता था। आनंद तो बहुत हलका-सा शब्द है। वह आनंद उन्माद से कम न था। संयोगवश उन दिनों मेरे घर से बहुत थोड़ी दूर पर रामलीला का मैदान था; और जिस घर में लीला-पात्रों का रूप-रंग भरा जाता था, वह तो मेरे घर से बिलकुल मिला हुआ था। दो बजे दिन से पात्रों की सजावट होने लगती थी। मैं दोपहर ही से वहाँ जा बैठता, और जिस उत्साह से दौड़-दौड़ कर छोटे-मोटे काम करता, उस उत्साह से तो आज अपनी पेंशन लेने भी नहीं जाता। एक कोठरी में राजकुमारी का शृंगार होता था। उनकी देह में रामरज

पीस कर पोती जाती; मुँह पर पाउडर लगाया जाता और पाउडर के ऊपर लाल, हरे, नीले रंग की बुँदकियाँ लगाई जाती थीं। सारा माथा, भौंहें, गाल, ठोड़ी बुँदकियों से रच उठती थीं। एक ही आदमी इस काम में कुशल था। वही बारी-बारी से तीनों पात्रों का शृंगार करता था। रंग की प्यालियों में पानी लाना, रामरज पीसना, पंखा झलना मेरा काम था। जब इन तैयारियों के बाद विमान निकलता, तो उस पर रामचंद्र जी के पीछे बैठ कर मुझे जो उल्लास, जो गर्व, जो रोमांच होता था वह अब लाट साहब के दरबार में कुरसी पर बैठ कर भी नहीं होता। एक बार जब होम-मेंबर साहब ने व्यवस्थापक-सभा में मेरे लिए एक प्रस्ताव का अनुमोदन किया था, उस वक्त मुझे कुछ उसी तरह का उल्लास, गर्व और रोमांच हुआ था। हाँ, एक बार जब मेरा ज्येष्ठ पुत्र नायब-तहसीलदारी में नामजद हुआ, तब भी ऐसी ही तरंगें मन में उठी थीं; पर इनमें और उस बाल-विह्वलता में बड़ा अंतर है। तब ऐसा मालूम होता था कि मैं स्वर्ग में बैठा हूँ।

निषाद-नौका-लीला का दिन था। मैं दो-चार लड़कों के बहकाने में आकर गुल्ली-डंडा खेलने लगा था। आज शृंगार देखने न गया। विमान भी निकला; पर मैंने खेलना न छोड़ा। मुझे अपना दाँव लेना था। अपना दाँव छोड़ने के लिए उससे कहीं बढ़कर आत्मत्याग की जरूरत थी, जितना मैं कर सकता था। अगर दाँव देना होता तो मैं कब का भाग खड़ा होता; लेकिन पदाने में कुछ और ही बात होती है। ख़ैर, दाँव पूरा हुआ। अगर मैं चाहता, तो धाँधली करके दस-पाँच मिनट और पदा सकता था, इसकी काफी गुंजाइश थी, लेकिन अब इसका मौक़ा न था। मैं सीधे नाले की तरफ दौड़ा। विमान जलतट पर पहुँच चुका था। मैंने दूर से देखा, मल्लाह किश्ती लिए आ रहा है। दौड़ा, लेकिन आदमियों की भीड़ में दौड़ना कठिन था। आखिर जब मैं भीड़ हटाता, प्राण-पण से आगे बढ़ता घाट पर पहुँचा, तो निषाद अपनी नौका खोल चुका था। रामचंद्र पर मेरी कितनी श्रद्धा थी! अपने पाठ की चिंता न करके उन्हें पढ़ा दिया

करता था, जिसमें वह फेल न हो जाएँ। मुझसे उम्र जियादा होने पर भी वह नीची कक्षा में पढ़ते थे। लेकिन वही रामचंद्र नौका पर बैठे इस तरह मुँह फेरे चले जाते थे, मानो मुझसे जान-पहचान ही नहीं। नक़ल में भी असल की कुछ न कुछ बू आ ही जाती है। भक्तों पर जिनकी निगाह सदा ही तीखी रही है, वह मुझे क्यों उबारते? मैं विकल हो कर उस बछड़े की भाँति कूदने लगा, जिसकी गरदन पर पहली बार जुआ रखा गया हो। कभी लपक कर नाले की ओर जाता, कभी किसी सहायक की खोज में पीछे की तरफ दौड़ता, पर सब के सब अपनी धुन में मस्त थे; मेरी चीख़-पुकार क़िसी के कानों तक न पहुँची। तब से बड़ी-बड़ी विपत्तियाँ झेलीं; पर उस समय जितना दुःख हुआ, उतना फिर कभी न हुआ। मैंने निश्चय किया था कि अब रामचंद्र से न कभी बोलूँगा, न कभी खाने की कोई चीज ही दूँगा; लेकिन ज्यों ही नाले को पार करके वह पुल की ओर लौटे; मैं दौड़ कर विमान पर चढ़ गया, और ऐसा ख़ुश हुआ, मानो कोई बात ही न हुई थी।

रामलीला समाप्त हो गई थी। राजगद्दी होने वाली थी; पर न जाने क्यों देर हो रही थी। शायद चंदा कम वसूल हुआ था। रामचंद्र की इन दिनों कोई बात भी न पूछता था। न घर ही जाने की छुट्टी मिलती थी, न भोजन का ही प्रबंध होता था। चौधरी साहब के यहाँ से एक सीधा कोई तीन बजे दिन को मिलता था। बाकी सारे दिन कोई पानी को नहीं पूछता। लेकिन मेरी श्रद्धा अभी तक ज्यों की त्यों थी। मेरी दृष्टि में अब भी रामचंद्र ही थे। घर पर मुझे खाने को कोई चीज मिलती, वह लेकर रामचंद्र को दे आता। उन्हें खिलाने में मुझे जितना आनंद मिलता था, उतना आप खा जाने में कभी न मिलता। कोई मिठाई या फल पाते ही मैं बेतहाशा चौपाल की ओर दौड़ता। अगर रामचंद्र वहाँ न मिलते तो उन्हें चारों ओर तलाश करता, और जब तक वह चीज उन्हें न खिला लेता, मुझे चौन न आता था। ख़ैर, राजगद्दी का दिन आया। रामलीला के मैदान में एक बड़ा-सा शामियाना ताना गया। उसकी ख़ूब सजावट की

गई। वेश्याओं के दल भी आ पहुँचे। शाम को रामचंद्र की सवारी निकली, और प्रत्येक द्वार पर उनकी आरती उतारी गई। श्रद्धानुसार किसी ने रुपए दिए, किसी ने पैसे। मेरे पिता पुलिस के आदमी थे; इसलिए उन्होंने बिना कुछ दिए ही आरती उतारी। उस वक्त मुझे जितनी लज्जा आई, उसे बयान नहीं कर सकता। मेरे पास उस वक्त संयोग से एक रुपया था। मेरे मामा जी दशहरे के पहले आए थे और मुझे एक रुपया दे गए थे। उस रुपए को मैंने रख छोड़ा था। दशहरे के दिन भी उसे ख़र्च न कर सका। मैंने तुरंत वह रुपया लाकर आरती की थाली में डाल दिया। पिता जी मेरी ओर कुपित नेत्रों से देखकर रह गए।

उन्होंने कुछ कहा तो नहीं; लेकिन मुँह ऐसा बना लिया, जिससे प्रकट होता था कि मेरी इस धृष्टता से उनके रोब में बट्टा लग गया।

रात के दस बजते-बजते यह परिक्रमा पूरी हुई। आरती की थाली रुपयों और पैसों से भरी हुई थी। ठीक तो नहीं कह सकता; मगर अब ऐसा अनुमान होता है कि चार-पाँच सौ रुपयों से कम न थे। चौधरी साहब इनसे कुछ जियादा ही ख़र्च कर चुके थे। उन्हें इसकी बड़ी फिक्र हुई कि किसी तरह कम से कम दो सौ रुपए और वसूल हो जाएँ और इसकी सबसे अच्छी तरकीब उन्हें यही मालूम हुई कि वेश्याओं द्वारा महफिल में वसूली हो। जब लोग आकर बैठ जाएँ, और महफिल का रंग जम जाए, तो आबादीजान रसिकजनों की कलाइयाँ पकड़-पकड़कर ऐसे हाव-भाव दिखाएँ कि लोग शरमाते-शरमाते भी कुछ न कुछ दे ही मरें। आबादीजान और चौधरी साहब में सलाह होने लगी। मैं संयोग से उन दोनों प्राणियों की बातें सुन रहा था। चौधरी साहब ने समझा होगा यह लौंडा क्या मतलब समझेगा। पर यहाँ ईश्वर की दया से अक्ल के पुतले थे। सारी दास्तान समझ में आतीजा ती थी।

चौधरी-सुनो आबादीजान, यह तुम्हारी जियादती है। हमारा और तुम्हारा कोई पहला साबिक़ा तो है नहीं। ईश्वर ने चाहा, तो यहाँ

हमेशा तुम्हारा आना-जाना लगा रहेगा। अब की चंदा बहुत कम आया, नहीं तो मैं तुमसे इतना इसरार न करता।

आबादी.-आप मुझसे भी जमींदारी चालें चलते हैं, क्यों, मगर यहाँ हुजूर की दाल न गलेगी। वाह! रुपए तो मैं वसूल करूँ, और मूँछों पर ताव आप दें। कमाई का अच्छा ढंग निकाला है। इस कमाई से तो वाक़ई आप थोड़े दिनों में राजा हो जाएँगे। उसके सामने जमींदारी झक मारेगी! बस, कल ही से एक चकला खोल दीजिए! खुदा की क़सम, मालामाल हो जाइएगा।

चौधरी-तुम दिल्लगी करती हो, और यहाँ क़ाफिया तंग हो रहा है।

आबादी.-तो आप भी तो मुझी से उस्तादी करते हैं। यहाँ आप-जैसे काँइयों को रोज उँगलियों पर नचाती हूँ।

चौधरी-आखिर तुम्हारी मंशा क्या है?

आबादी.-जो कुछ वसूल करूँ, उसमें आधा मेरा, आधा आपका। लाइए, हाथ मारिए।

चौधरी-यही सही।

आबादी.-अच्छा, तो पहले मेरे सौ रुपए गिन दीजिए। पीछे से आप अलसेट करने लगेंगे।

चौधरी-वाह! वह भी लोगी और यह भी।

आबादी.-अच्छा! तो क्या आप समझते थे कि अपनी उजरत छोड़ दूँगी? वाह री आपकी समझ! ख़ूब; क्यों न हो। दीवाना बकारे दरवेश हुशियार!

चौधरी-तो क्या तुमने दोहरी फीस लेने की ठानी है?

आबादी.-अगर आपको सौ दफे गरज हो, तो। वरना मेरे सौ रुपए तो कहीं गए ही नहीं। मुझे क्या कुत्तों ने काटा है, जो लोगों की जेब में हाथ डालती फिरूँ?

चौधरी की एक न चली। आबादी के सामने दबना पड़ा। नाच शुरू हुआ। आबादीजान बला की शोख़ औरत थी। एक तो कमसिन,

उस पर हसीन। और उसकी अदाएँ तो इस गजब की थीं कि मेरी तबीयत भी मस्त हुई जाती थी। आदमियों के पहचानने का गुण भी उसमें कुछ कम न था। जिसके सामने बैठ गई, उससे कुछ न कुछ ले ही लिया। पाँच रुपए से कम तो शायद ही किसी ने दिए हों। पिता जी के सामने भी वह बैठी। मैं मारे शर्म के गड़ गया। जब उसने उनकी कलाई पकड़ी, तब तो मैं सहम उठा। मुझे यक़ीन था कि पिता जी उसका हाथ झटक देंगे और शायद दुत्कार भी दें, किंतु यह क्या हो रहा है! ईश्वर! मेरी आँखें धोखा तो नहीं खा रही हैं! पिता जी मूँछों में हँस रहे हैं। ऐसी मृदु-हँसी उनके चेहरे पर मैंने कभी नहीं देखी थी। उनकी आँखों से अनुराग टपका पड़ता था। उनका एक-एक रोम पुलकित हो रहा था; मगर ईश्वर ने मेरी लाज रख ली। वह देखो, उन्होंने धीरे से आबादी के कोमल हाथों से अपनी कलाई छुड़ा ली। अरे! यह फिर क्या हुआ? आबादी तो उनके गले में बाहें डाले देती है। अब पिता जी उसे जरूर पीटेंगे। चुड़ैल को जरा भी शर्म नहीं।

एक महाशय ने मुस्कुरा कर कहा, यहाँ तुम्हारी दाल न गलेगी, आबादीजान! और दरवाजा देखो।

बात तो इन महाशय ने मेरे मन की कही, और बहुत ही उचित कही; लेकिन न-जाने क्यों पिता जी ने उसकी ओर कुपित नेत्रों से देखा, और मूँछों पर ताव दिया। मुँह से तो वह कुछ न बोले; पर उनके मुख की आकृति चिल्ला कर सरोष शब्दों में कह रही थी, श्तू बनिया, मुझे समझता क्या है? यहाँ ऐसे अवसर पर जान तक निसार करने को तैयार हैं। रुपए की हक़ीकत ही क्या! तेरा जी चाहे, आजमा ले। तुझसे दूनी रक़म न दे डालूँ, तो मुँह न दिखाऊँ!' महान् आश्चर्य! घोर अनर्थ! अरे, जमीन तू फट क्यों नहीं जाती? आकाश, तू फट क्यों नहीं पड़ता? अरे, मुझे मौत क्यों नहीं आ जाती! पिता जी जेब में हाथ डाल रहे हैं। वह कोई चीज निकाली, और सेठ जी को दिखाकर आबादीजान को दे डाली। आह! यह तो अशर्फी है। चारों ओर तालियाँ बजने लगीं। सेठ जी उल्लू बन गए

या पिता जी ने मुँह की खाई, इसका निश्चय मैं नहीं कर सकता। मैंने केवल इतना देखा कि पिता जी ने एक अशर्फी निकाल कर आबादीजान को दी। उनकी आँखों में इस समय इतना गर्वयुक्त उल्लास था मानो उन्होंने हातिम की क़ब्र पर लात मारी हो।

यही पिता जी हैं, जिन्होंने मुझे आरती में एक रुपया डालते देखकर मेरी ओर इस तरह से देखा था, मानो मुझे फाड़ ही खाएँगे। मेरे उस परमोचित व्यवहार से उनके रोब में फर्क आता था, और इस समय इस घृणित, कुत्सित और निंदित व्यापार पर गर्व और आनंद से फूले न समाते थे। आबादीजान ने एक मनोहर मुस्कान के साथ पिता जी को सलाम किया और आगे बढ़ी; मगर मुझसे वहाँ न बैठा गया। मारे शर्म के मेरा मस्तक झुका जाता था; अगर मेरी आँखों-देखी बात न होती, तो मुझे इस पर कभी एतिबार न होता। मैं बाहर जो कुछ देखता-सुनता था, उसकी रिपोर्ट अम्माँ से जरूर करता था। पर इस मामले को मैंने उनसे छिपा रखा। मैं जानता था, उन्हें यह बात सुनकर बड़ा दुःख होगा। रात भर गाना होता रहा। तबले की धमक मेरे कानों में आ रही थी। जी चाहता था, चल कर देखूँ; पर साहस न होता था। मैं किसी को मुँह कैसे दिखाऊँगा? कहीं किसी ने पिता जी का जिक्र छेड़ दिया, तो मैं क्या करूँगा? प्रातःकाल रामचंद्र की बिदाई होने वाली थी। मैं चारपाई से उठते ही आँखें मलता हुआ चौपाल की ओर भागा? डर रहा था कि कहीं रामचंद्र चले न गए हों। पहुँचा, तो देखा, तवायफों की सवारियाँ जाने को तैयार हैं। बीसों आदमी हसरतनाक मुँह बनाए उन्हें घेरे खड़े हैं। मैंने उनकी ओर आँख तक न उठाई। सीधा रामचंद्र के पास पहुँचा। लक्ष्मण और सीता बैठे रो रहे थे; और रामचंद्र खड़े काँधो पर लुटिया-डोर डाले उन्हें समझा रहे थे।

मेरे सिवा वहाँ और कोई न था। मैंने कुंठित स्वर से रामचंद्र से पूछा, 'क्या तुम्हारी बिदाई हो गई?'

रामचंद्र-हाँ, हो तो गई। हमारी बिदाई ही क्या? चौधरी साहब ने कह दिया, जाओ, चले जाते हैं।

'क्या रुपया और कपड़े नहीं मिले?'

'अभी नहीं मिले। चौधरी साहब कहते हैं, इस वक्त बचत में रुपए नहीं हैं। फिर आकर ले जाना।

'कुछ नहीं मिला?'

'एक पैसा भी नहीं। कहते हैं, कुछ बचत नहीं हुई। मैंने सोचा था, कुछ रुपए मिल जाएँगे तो पढ़ने की किताबें ले लूँगा! सो कुछ न मिला। राह-ख़र्च भी नहीं दिया। कहते हैं, कौन दूर है, पैदल चले जाओ!'

मुझे ऐसा क्रोध आया कि चलकर चौधरी को ख़ूब आड़े हाथों लूँ। वेश्याओं के लिए रुपए, सवारियाँ सब कुछ; पर बेचारे रामचंद्र और उनके साथियों के लिए कुछ भी नहीं! जिन लोगों ने रात को आबादीजान पर दस-दस, बीस-बीस रुपए न्योछावर किए थे, उनके पास क्या इनके लिए दो-दो, चार-चार आने पैसे भी नहीं। पिता जी ने भी तो आबादीजान को एक अशर्फी दी थी। देखूँ इनके नाम पर क्या देते हैं! मैं दौड़ा हुआ पिता जी के पास गया। वह कहीं तफतीश पर जाने को तैयार खड़े थे। मुझे देखकर बोले, कहाँ घूम रहे हो? पढ़ने के वक्त तुम्हें घूमने की सूझती है?

मैंने कहा, गया था चौपाल। रामचंद्र बिदा हो रहे थे। उन्हें चौधरी साहब ने कुछ नहीं दिया।

'तो तुम्हें इसकी क्या फिक्र पड़ी है?'

'वह जाएँगे कैसे? पास राह-ख़र्च भी तो नहीं है।'

'क्या कुछ ख़र्च भी नहीं दिया? यह चौधरी साहब की बे-इंसाफी है।'

'आप अगर दो रुपया दे दें, तो मैं उन्हें दे आऊँ। इतने में शायद वह घर पहुँच जाएँ।'

पिता जी ने तीव्र दृष्टि से देखकर कहा, जाओ, अपनी किताब देखो, मेरे पास रुपए नहीं हैं।

यह कहकर वह घोड़े पर सवार हो गए। उसी दिन से पिता जी पर से मेरी श्रद्धा उठ गई। मैंने फिर कभी उनकी डाँट-डपट की परवा नहीं की। मेरा दिल कहता, आपको मुझको उपदेश देने का कोई अधिकार नहीं है। मुझे उनकी सूरत से चिढ़ हो गई। वह जो कहते, मैं ठीक उसका उल्टा करता। यद्यपि इसमें मेरी हानि हुई; किन मेरा अंतःकरण उस समय विप्लवकारी विचारों से भरा हुआ था। मेरे पास दो आने पैसे पड़े हुए थे। मैंने पैसे उठा लिए और जाकर शरमाते-शरमाते रामचंद्र को दे दिए। उन पैसों को देखकर रामचंद्र को जितना हर्ष हुआ, वह मेरे लिए आशातीत था। टूट पड़े, मानो प्यासे को पानी मिल गया। यही दो आने पैसे लेकर तीनों मूर्तियाँ बिदा हुईं! केवल मैं ही उनके साथ क़स्बे के बाहर तक पहुँचाने आया।

उन्हें बिदा करके लौटा, तो मेरी आँखें सजल थीं; पर हृदय आनंद से उमड़ा हुआ था।

नमक का दारोगा

जब नमक का नया विभाग बना और ईश्वरप्रदत्त वस्तु के व्यवहार करने का निषेध हो गया तो लोग चोरी-छिपे इसका व्यापार करने लगे। अनेक प्रकार के छल-प्रपंचों का सूत्रपात हुआ, कोई घूस से काम निकालता था, कोई चालाकी से। अधिकारियों के पौ-बारह थे। पटवारीगिरी का सर्वसम्मानित पद छोड़-छोड़कर लोग इस विभाग की बरकंदाजी करते थे। इसके दारोगा पद के लिए तो वकीलों का भी जी ललचाता था। यह वह समय था जब अंग्रेजी शिक्षा और ईसाई मत को लोग एक ही वस्तु समझते थे। फारसी का प्राबल्य था। प्रेम की कथाएँ और शृंगार रस के काव्य पढ़कर फारसीदाँ लोग सर्वोच्च पदों पर नियुक्त हो जाया करते थे।

मुंशी वंशीधर भी जुलेख़ की विरह-कथा समाप्त करके शीरीं और फर्हाद के प्रेम-वृत्तांत को नल और नील की लड़ाई और अमेरिका के आविष्कार से अधिक महत्त्व की बातें समझते हुए रोजगार की खोज में निकले।

उनके पिता एक अनुभवी पुरुष थे। समझाने लगे, 'बेटा! घर की दुर्दशा देख रहे हो। ऋण के बोझ से दबे हुए हैं। लड़कियाँ हैं, वे घास-फूस की तरह बढ़ती चली जाती हैं। मैं कगारे पर का वृक्ष हो रहा हूँ, न मालूम कब गिर पड़ूँ! अब तुम्हीं घर के मालिक-मुख्तार हो।

'नौकरी में ओहदे की ओर ध्यान मत देना, यह तो पीर का मजार है। निगाह चढ़ावे और चादर पर रखनी चाहिए। ऐसा काम

ढूँढना जहाँ कुछ ऊपरी आय हो। मासिक वेतन तो पूर्णमासी का चाँद है, जो एक दिन दिखाई देता है और घटते-घटते लुप्त हो जाता है। ऊपरी आय बहता हुआ स्रोत है जिससे सदैव प्यास बुझती है। वेतन मनुष्य देता है, इसी से उसमें वृद्धि नहीं होती। ऊपरी आमदनी ईश्वर देता है, इसी से उसकी बरकत होती हैं, तुम स्वयं विद्वान हो, तुम्हें क्या समझाऊँ।

'इस विषय में विवेक की बड़ी आवश्यकता है। मनुष्य को देखो, उसकी आवश्यकता को देखो और अवसर को देखो, उसके उपरांत जो उचित समझो, करो। गरज वाले आदमी के साथ कठोरता करने में लाभ ही लाभ है। लेकिन बेगरज को दाँव पर पाना जरा कठिन है। इन बातों को निगाह में बाँध लो यह मेरी जन्म भर की कमाई है।

इस उपदेश के बाद पिताजी ने आशीर्वाद दिया। वंशीधर आज्ञाकारी पुत्र थे। ये बातें ध्यान से सुनीं और तब घर से चल खड़े हुए। इस विस्तृत संसार में उनके लिए धैर्य अपना मित्र, बुद्धि अपनी पथप्रदर्शक और आत्मावलंबन ही अपना सहायक था। लेकिन अच्छे शकुन से चले थे, जाते ही जाते नमक विभाग के दारोगा पद पर प्रतिष्ठित हो गए। वेतन अच्छा और ऊपरी आय का तो ठिकाना ही न था। वृद्ध मुंशीजी को सुख-संवाद मिला तो फूले न समाए। महाजन कुछ नर्म पड़े, कलवार की आशालता लहलहाई। पड़ोसियों के हृदय में शूल उठने लगे।

जाड़े के दिन थे और रात का समय। नमक के सिपाही, चौकीदार नशे में मस्त थे। मुंशी वंशीधर को यहाँ आए अभी छह महीनों से अधिक न हुए थे, लेकिन इस थोड़े समय में ही उन्होंने अपनी कार्यकुशलता और उत्तम आचार से अफसरों को मोहित कर लिया था। अफसर लोग उन पर बहुत विश्वास करने लगे।

नमक के दफ्तर से एक मील पूर्व की ओर जमुना बहती थी, उस पर नावों का एक पुल बना हुआ था। दारोगाजी किवाड़ बंद

किए मीठी नींद सो रहे थे। अचानक आँख खुली तो नदी के प्रवाह की जगह गाड़ियों की गड़गड़ाहट तथा मल्लाहों का कोलाहल सुनाई दिया। उठ बैठे।

इतनी रात गए गाड़ियाँ क्यों नदी के पार जाती हैं? अवश्य कुछ न कुछ गोलमाल है। तर्क ने भ्रम को पुष्ट किया। वरदी पहनी, तमंचा जेब में रखा और बात की बात में घोड़ा बढ़ाए हुए पुल पर आ पहुँचे। गाड़ियों की एक लंबी कतार पुल के पार जाती देखी। डाँटकर पूछा, 'किसकी गाड़ियाँ हैं।'

थोड़ी देर तक सन्नाटा रहा। आदमियों में कुछ कानाफूसी हुई तब आगे वाले ने कहा–'पंडित अलोपीदीन की।'

'कौन पंडित अलोपीदीन?'

'दातागंज के।'

मुंशी वंशीधर चौंके। पंडित अलोपीदीन इस इलाक़े के सबसे प्रतिष्ठित जमींदार थे। लाखों रुपए का लेन-देन करते थे, इधर छोटे से बड़े कौन ऐसे थे जो उनके ऋणी न हों। व्यापार भी बड़ा लंबा-चौड़ा था। बड़े चलते-पुरजे आदमी थे। अंग्रेज अफसर उनके इलाक़े में शिकार खेलने आते और उनके मेहमान होते। बारहों मास सदाव्रत चलता था।

मुंशी ने पूछा, 'गाड़ियाँ कहाँ जाएँगी? उत्तर मिला, 'कानपुर।' लेकिन इस प्रश्न पर कि इनमें क्या है, सन्नाटा छा गया। दारोगा साहब का संदेह और भी बढ़ा। कुछ देर तक उत्तर की बाट देखकर वह जोर से बोले, 'क्या तुम सब गूँगे हो गए हो? हम पूछते हैं इनमें क्या लदा है?'

जब इस बार भी कोई उत्तर न मिला तो उन्होंने घोड़े को एक गाड़ी से मिलाकर बोरे को टटोला। भ्रम दूर हो गया। यह नमक के डेले थे।

पंडित अलोपीदीन अपने सजीले रथ पर सवार, कुछ सोते, कुछ जागते चले आते थे। अचानक कई गाड़ीवानों ने घबराए हुए आकर

जगाया और बोले–'महाराज! दारोगा ने गाड़ियाँ रोक दी हैं और घाट पर खड़े आपको बुलाते हैं।'

पंडित अलोपीदीन का लक्ष्मीजी पर अखंड विश्वास था। वह कहा करते थे कि संसार का तो कहना ही क्या, स्वर्ग में भी लक्ष्मी का ही राज्य है। उनका यह कहना यथार्थ ही था। न्याय और नीति सब लक्ष्मी के ही खिलौने हैं, इन्हें वह जैसे चाहती हैं नचाती हैं। लेटे ही लेटे गर्व से बोले, चलो हम आते हैं। यह कहकर पंडितजी ने बडी निश्चिंतता से पान के बीड़े लगाकर खाए। फिर लिहाफ ओढ़े हुए दारोगा के पास आकर बोले, 'बाबूजी आशीर्वाद! कहिए, हमसे ऐसा कौन सा अपराध हुआ कि गाड़ियाँ रोक दी गईं। हम ब्राह्मणों पर तो आपकी कृपा–दृष्टि रहनी चाहिए।'

वंशीधर रुखाई से बोले, 'सरकारी हुक्म।'

पंडित अलोपीदीन ने हँसकर कहा, 'हम सरकारी हुक्म को नहीं जानते और न सरकार को। हमारे सरकार तो आप ही हैं। हमारा और आपका तो घर का मामला है, हम कभी आपसे बाहर हो सकते हैं? आपने व्यर्थ का कष्ट उठाया। यह हो नहीं सकता कि इधर से जाएँ और इस घाट के देवता को भेंट न चढ़ावें। मैं तो आपकी सेवा में स्वयं ही आ रहा था।' वंशीधर पर ऐश्वर्य की मोहिनी वंशी का कुछ प्रभाव न पड़ा। ईमानदारी की नई उमंग थी। कड़ककर बोले, 'हम उन नमकहरामों में नहीं है जो कौड़ियों पर अपना ईमान बेचते फिरते हैं। आप इस समय हिरासत में हैं। आपको क़ायदे के अनुसार चालान होगा। बस, मुझे अधिक बातों की फुर्सत नहीं है। जमादार बदलूसिंह! तुम इन्हें हिरासत में ले चलो, मैं हुक्म देता हूँ।'

पंडित अलोपीदीन स्तंभित हो गए। गाड़ीवानों में हलचल मच गई। पंडितजी के जीवन में कदाचित यह पहला ही अवसर था कि पंडितजी को ऐसी कठोर बातें सुननी पड़ीं। बदलूसिंह आगे बढ़ा, किंतु रोब के मारे यह साहस न हुआ कि उनका हाथ पकड़ सके। पंडितजी ने धर्म को धन का ऐसा निरादर करते कभी न देखा था।

विचार किया कि यह अभी उद्दंड लड़का है। माया-मोह के जाल में अभी नहीं पड़ा। अल्हड़ है, झिझकता है। बहुत दीनभाव से बोले, 'बाबू साहब, ऐसा न कीजिए, हम मिट जाएँगे। इज्जत धूल में मिल जाएगी। हमारा अपमान करने से आपके हाथ क्या आएगा। हम किसी तरह आपसे बाहर थोड़े ही हैं।'

वंशीधर ने कठोर स्वर में कहा, 'हम ऐसी बातें नहीं सुनना चाहते।'

अलोपीदीन ने जिस सहारे को चट्टान समझ रखा था, वह पैरों के नीचे खिसकता हुआ मालूम हुआ। स्वाभिमान और धन-ऐश्वर्य की कड़ी चोट लगी। किंतु अभी तक धन की सांख्यिक शक्ति का पूरा भरोसा था। अपने मुख्तार से बोले, 'लालाजी, एक हजार के नोट बाबू साहब की भेंट करो, आप इस समय भूखे सिंह हो रहे हैं।'

वंशीधर ने गर्म होकर कहा, 'एक हजार नहीं, एक लाख भी मुझे सच्चे मार्ग से नहीं हटा सकते।'

धर्म की इस बुद्धिहीन दृढ़ता और देव-दुर्लभ त्याग पर मन बहुत झुँझलाया। अब दोनों शक्तियों में संग्राम होने लगा। धन ने उछल-उछलकर आक्रमण करने शुरू किए। एक से पाँच, पाँच से दस, दस से पंद्रह और पंद्रह से बीस हजार तक नौबत पहुँची, किंतु धर्म अलौकिक वीरता के साथ बहुसंख्यक सेना के सम्मुख अकेला पर्वत की भाँति अटल, अविचलित खड़ा था।

अलोपीदीन निराश होकर बोले, 'अब इससे अधिक मेरा साहस नहीं। आगे आपको अधिकार है।'

वंशीधर ने अपने जमादार को ललकारा। बदलूसिंह मन में दारोगाजी को गालियाँ देता हुआ पंडित अलोपीदीन की ओर बढ़ा। पंडितजी घबराकर दो-तीन क़दम पीछे हट गए। अत्यंत दीनता से बोले, 'बाबू साहब, ईश्वर के लिए मुझ पर दया कीजिए, मैं पच्चीस हजार पर निपटारा करने का तैयार हूँ।'

'असंभव बात है।'

'तीस हजार पर?'

'किसी तरह भी संभव नहीं।'

'क्या चालीस हजार पर भी नहीं।'

'चालीस हजार नहीं, चालीस लाख पर भी असंभव है।'

'बदलूसिंह, इस आदमी को हिरासत में ले लो। अब मैं एक शब्द भी नहीं सुनना चाहता।'

धर्म ने धन को पैरों तले कुचल डाला। अलोपीदीन ने एक हृष्ट-पुष्ट मनुष्य को हथकड़ियाँ लिए हुए अपनी तरफ आते देखा। चारों ओर निराश और कातर दृष्टि से देखने लगे। इसके बाद मूर्छित होकर गिर पड़े।

दुनिया सोती थी पर दुनिया की जीभ जागती थी। सवेरे देखिए तो बालक-वृद्ध सबके मुँह से यही बात सुनाई देती थी। जिसे देखिए वही पंडितजी के इस व्यवहार पर टीका-टिप्पणी कर रहा था, निंदा की बौछारें हो रही थीं, मानो संसार से अब पापी का पाप कट गया।

पानी को दूध के नाम से बेचने वाला ग्वाला, कल्पित रोजनामचे भरने वाले अधिकारी वर्ग, रेल में बिना टिकट सफर करने वाले बाबू लोग, जाली दस्तावेज बनाने वाले सेठ और साहूकार, यह सब के सब देवताओं की भाँति गर्दनें चला रहे थे।

जब दूसरे दिन पंडित अलोपीदीन अभियुक्त होकर कांस्टेबलों के साथ, हाथों में हथकड़ियाँ, हृदय में ग्लानि और क्षोभ भरे, लज्जा से गर्दन झुकाए अदालत की तरफ चले तो सारे शहर में हलचल मच गई। मेलों में कदाचित आँखें इतनी व्यग्र न होती होंगी। भीड़ के मारे छत और दीवार में कोई भेद न रहा।

किंतु अदालत में पहुँचने की देर थी। पंडित अलोपीदीन इस अगाध वन के सिंह थे। अधिकारी वर्ग उनके भक्त, अमले उनके सेवक, वकील-मुख्तार उनके आज्ञा पालक और अरदली, चपरासी

तथा चौकीदार तो उनके बिना मोल के गुलाम थे।

उन्हें देखते ही लोग चारों तरफ से दौड़े। सभी लोग विस्मित हो रहे थे। इसलिए नहीं कि अलोपीदीन ने यह कर्म किया, बल्कि इसलिए कि वह क़ानून के पंजे में कैसे आए? ऐसा मनुष्य जिसके पास असाध्य साधन करने वाला धन और अनन्य वाचालता हो, वह क्यों क़ानून के पंजे में आए? प्रत्येक मनुष्य उनसे सहानुभूति प्रकट करता था।

बड़ी तत्परता से इस आक्रमण को रोकने के निमित्त वकीलों की एक सेना तैयार की गई। न्याय के मैदान में धर्म और धन में युद्ध ठन गया। वंशीधर चुपचाप खड़े थे। उनके पास सत्य के सिवा न कोई बल था, न स्पष्ट भाषण के अतिरिक्त कोई शस्त्र। गवाह थे, किंतु लोभ से डाँवाडोल।

यहाँ तक कि मुंशीजी को न्याय भी अपनी ओर कुछ खिंचा हुआ दीख पड़ता था। वह न्याय का दरबार था, परंतु उसके कर्मचारियों पर पक्षपात का नशा छाया हुआ था। किंतु पक्षपात और न्याय का क्या मेल? जहाँ पक्षपात हो, वहाँ न्याय की कल्पना नहीं की जा सकती। मुक़दमा शीघ्र ही समाप्त हो गया।

डिप्टी मजिस्ट्रेट ने अपनी तजवीज में लिखा, पंडित अलोपीदीन के विरुद्ध दिए गए प्रमाण निर्मूल और भ्रमात्मक हैं। वह एक बड़े भारी आदमी हैं। यह बात कल्पना के बाहर है कि उन्होंने थोड़े लाभ के लिए ऐसा दुस्साहस किया हो। यद्यपि नमक के दारोगा मुंशी वंशीधर का अधिक दोष नहीं है, लेकिन यह बड़े खेद की बात है कि उसकी उद्दंडता और विचारहीनता के कारण एक भलेमानुस को कष्ट झेलना पड़ा। हम प्रसन्न हैं कि वह अपने काम में सजग और सचेत रहता है, किंतु नमक से मुक़दमे की बढ़ी हुई नमकहलाली ने उसके विवेक और बुद्धि को भ्रष्ट कर दिया। भविष्य में उसे होशियार रहना चाहिए।

वकीलों ने यह फैसला सुना और उछल पड़े। पंडित अलोपीदीन

मुस्कुराते हुए बाहर निकले। स्वजन बाँधवों ने रुपए की लूट की। उदारता का सागर उमड पड़ा। उसकी लहरों ने अदालत की नींव तक हिला दी।

जब वंशीधर बाहर निकले तो चारों ओर उनके ऊपर व्यंग्यबाणों की वर्षा होने लगी। चपरासियों ने झुक-झुककर सलाम किए। किंतु इस समय एक कटु वाक्य, एक-एक संकेत उनकी गर्वाग्नि को प्रज्ज्वलित कर रहा था।

कदाचित इस मुक़दमे में सफल होकर वह इस तरह अकड़ते हुए न चलते। आज उन्हें संसार का एक खेदजनक विचित्र अनुभव हुआ। न्याय और विद्वत्ता, लंबी-चौड़ी उपाधियाँ, बड़ी-बड़ी दाढियाँ, ढीले चोगे एक भी सच्चे आदर का पात्र नहीं है।

वंशीधर ने धन से बैर मोल लिया था, उसका मूल्य चुकाना अनिवार्य था। कठिनता से एक सप्ताह बीता होगा कि मुअत्तली का परवाना आ पहुँचा। कार्य-परायणता का दंड मिला। बेचारे भग्न हृदय, शोक और खेद से व्यथित घर को चले। बूढ़े मुंशीजी तो पहले ही से कुड़-बुड़ा रहे थे कि चलते-चलते इस लड़के को समझाया था, लेकिन इसने एक न सुनी। सब मनमानी करता है। हम तो कलवार और क़साई के तगादे सहें, बुढ़ापे में भगत बनकर बैठें और वहाँ बस वही सूखी तनख्वाह! हमने भी तो नौकरी की है और कोई ओहदेदार नहीं थे। लेकिन काम किया, दिल खोलकर किया और आप ईमानदार बनने चले हैं। घर में चाहे अँधेरा हो, मस्जिद में अवश्य दिया जलाएँगे। खेद ऐसी समझ पर! पढ़ना-लिखना सब अकारथ गया।

इसके थोड़े ही दिनों बाद, जब मुंशी वंशीधर इस दुरावस्था में घर पहुँचे और बूढ़े पिताजी ने समाचार सुना तो सिर पीट लिया। बोले- 'जी चाहता है कि तुम्हारा और अपना सिर फोड़ लूँ। बहुत देर तक पछता-पछताकर हाथ मलते रहे। क्रोध में कुछ कठोर बातें भी कहीं और यदि वंशीधर वहाँ से टल न जाता तो अवश्य ही

यह क्रोध विकट रूप धारण करता। वृद्ध माता को भी दुःख हुआ। जगन्नाथ और रामेश्वर यात्रा की कामनाएँ मिट्टी में मिल गईं। पत्नी ने कई दिनों तक सीधे मुँह बात तक नहीं की।

इसी प्रकार एक सप्ताह बीत गया। संध्या का समय था। बूढ़े मुंशीजी बैठे-बैठे राम नाम की माला जप रहे थे। इसी समय उनके द्वार पर सजा हुआ रथ आकर रुका। हरे और गुलाबी परदे, पछहिए बैलों की जोड़ी, उनकी गर्दन में नीले धागे, सींग पीतल से जुड़े हुए। कई नौकर लाठियाँ कंधों पर रखे साथ थे।

मुंशीजी अगवानी को दौड़े देखा तो पंडित अलोपीदीन हैं। झुककर दंडवत की और लल्लो-चप्पो की बातें करने लगे-'हमारा भाग्य उदय हुआ, जो आपके चरण इस द्वार पर आए। आप हमारे पूज्य देवता हैं, आपको कौन सा मुँह दिखावें, मुँह में तो कालिख लगी हुई है। किंतु क्या करें, लड़का अभागा कपूत है, नहीं तो आपसे क्या मुँह छिपाना पड़ता? ईश्वर निस्संतान चाहे रखे पर ऐसी संतान न दे।'

अलोपीदीन ने कहा- 'नहीं भाई साहब, ऐसा न कहिए।'

मुंशीजी ने चकित होकर कहा-'ऐसी संतान को और क्या कहूँ?'

अलोपीदीन ने वात्सल्यपूर्ण स्वर में कहा- 'कुलतिलक और पुरुखों की कीर्ति उज्ज्वल करने वाले संसार में ऐसे कितने धर्मपरायण मनुष्य हैं जो धर्म पर अपना सब कुछ अर्पण कर सकें!'

पंडित अलोपीदीन ने वंशीधर से कहा-'दारोगाजी, इसे खुशामद न समझिए, खुशामद करने के लिए मुझे इतना कष्ट उठाने की जरूरत न थी। उस रात को आपने अपने अधिकार-बल से अपनी हिरासत में लिया था, किंतु आज मैं स्वेच्छा से आपकी हिरासत में आया हूँ। मैंने हजारों रईस और अमीर देखें, हजारों उच्च पदाधि कारियों से काम पड़ा किंतु परास्त किया तो आपने। मैंने सबको अपना और अपने धन का गुलाम बनाकर छोड़ दिया। मुझे आज्ञा दीजिए कि आपसे कुछ विनय करूँ।'

वंशीधर ने अलोपीदीन को आते देखा तो उठकर सत्कार किया,

किंतु स्वाभिमान सहित। समझ गए कि यह महाशय मुझे लज्जित करने और जलाने आए हैं। क्षमा-प्रार्थना की चेष्टा नहीं की, वरन् उन्हें अपने पिता की यह ठकुर-सुहाती की बात असह्य सी प्रतीत हुई। पर पंडितजी की बातें सुनीं तो मन की मैल मिट गई।

पंडितजी की ओर उड़ती हुई दृष्टि से देखा। सद्भाव झलक रहा था। गर्व ने अब लज्जा के सामने सिर झुका दिया। शर्माते हुए बोले-'यह आपकी उदारता है जो ऐसा कहते हैं। मुझसे जो कुछ अविनय हुई है, उसे क्षमा कीजिए। मैं धर्म की बेड़ी में जकड़ा हुआ था, नहीं तो वैसे मैं आपका दास हूँ। जो आज्ञा होगी वह मेरे सिर-माथे पर।'

अलोपीदीन ने विनीत भाव से कहा-'नदी तट पर आपने मेरी प्रार्थना नहीं स्वीकार की थी, किंतु आज स्वीकार करनी पड़ेगी।'

वंशीधर बोले-'मैं किस योग्य हूँ, किंतु जो कुछ सेवा मुझसे हो सकती है, उसमें त्रुटि न होगी।'

अलोपीदीन ने एक स्टांप लगा हुआ पत्र निकाला और उसे वंशीधर के सामने रखकर बोले-'इस पद को स्वीकार कीजिए और अपने हस्ताक्षर कर दीजिए। मैं ब्राह्मण हूँ, जब तक यह सवाल पूरा न कीजिएगा, द्वार से न हटूँगा।'

मुंशी वंशीधर ने उस कागज को पढ़ा तो कृतज्ञता से आँखों में आँसू भर आए। पंडित अलोपीदीन ने उनको अपनी सारी जायदाद का स्थायी मैनेजर नियुक्त किया था। छह हजार वार्षिक वेतन के अतिरिक्त रोजाना ख़र्च अलग, सवारी के लिए घोड़ा, रहने को बँगला, नौकर-चाकर मुफ्त। कंपित स्वर में बोले-'पंडितजी मुझमें इतनी सामर्थ्य नहीं है कि आपकी उदारता की प्रशंसा कर सकूँ! किंतु ऐसे उच्च पद के योग्य नहीं हूँ।'

अलोपीदीन हँसकर बोले-'मुझे इस समय एक अयोग्य मनुष्य की ही जरूरत है।'

वंशीधर ने गंभीर भाव से कहा-'यूँ मैं आपका दास हूँ। आप

जैसे कीर्तिवान, सज्जन पुरुष की सेवा करना मेरे लिए सौभाग्य की बात है। किंतु मुझमें न विद्या है, न बुद्धि, न वह स्वभाव जो इन त्रुटियों की पूर्ति कर देता है। ऐसे महान कार्य के लिए एक बड़े मर्मज्ञ अनुभवी मनुष्य की जरूरत है।'

अलोपीदीन ने क़लमदान से क़लम निकाली और उसे वंशीधर के हाथ में देकर बोले-'न मुझे विद्वत्ता की चाह है, न अनुभव की, न मर्मज्ञता की, न कार्यकुशलता की। इन गुणों के महत्त्व को ख़ूब पा चुका हूँ। अब सौभाग्य और सुअवसर ने मुझे वह मोती दे दिया जिसके सामने योग्यता और विद्वत्ता की चमक फीकी पड़ जाती है। यह क़लम लीजिए, अधिक सोच-विचार न कीजिए, दस्तख़त कर दीजिए। परमात्मा से यही प्रार्थना है कि वह आपको सदैव वही नदी के किनारे वाला, बेमुरौवत, उद्दंड, कठोर परंतु धर्मनिष्ठ दारोगा बनाए रखे।'

वंशीधर की आँखें डबडबा आईं। हृदय के संकुचित पात्र में इतना एहसान न समा सका। एक बार फिर पंडितजी की ओर भक्ति और श्रद्धा की दृष्टि से देखा और काँपते हुए हाथ से मैनेजरी के कागज पर हस्ताक्षर कर दिए।

अलोपीदीन ने प्रफुल्लित होकर उन्हें गले लगा लिया।

बड़े भाई साहब

1

मेरे भाई साहब मुझसे पाँच साल बडे थे, लेकिन तीन दरजे आगे। उन्होने भी उसी उम्र में पढ़ना शुरू किया था जब मैने शुरू किया; लेकिन तालीम जैसे महत्व के मामले में वह जल्दीबाजी से काम लेना पसंद न करते थे। इस भवन कि बुनियाद खूब मजबूत डालना चाहते थे जिस पर आलीशान महल बन सके। एक साल का काम दो साल में करते थे। कभी-कभी तीन साल भी लग जाते थे। बुनियाद ही पुख्ता न हो, तो मकान कैसे पाएदार बने।

मैं छोटा था, वह बडे थे। मेरी उम्र नौ साल कि,वह चौदह साल के थे। उन्हें मेरी तम्बीह और निगरानी का पूरा जन्मसिद्ध अधिकार था। और मेरी शालीनता इसी में थी कि उनके हुक्म को कानून समझूँ।

वह स्वभाव से बड़े अध्ययनशील थे। हरदम किताब खोले बैठे रहते और शायद दिमाग को आराम देने के लिए कभी कापी पर, कभी किताब के हाशियों पर चिडियों, कुत्तों, बल्लियो की तस्वीरें बनाया करते थें। कभी-कभी एक ही नाम या शब्द या वाक्य दस-बीस बार लिख डालते। कभी एक शेर को बार-बार सुन्दर अक्षर से नकल करते। कभी ऐसी शब्द-रचना करते, जिसमें न कोई अर्थ होता, न कोई सामंजस्य! मसलन एक बार उनकी कापी पर मैने यह इबारत देखी-स्पेशल, अमीना, भाइयों-भाइयों, दर-असल, भाई-भाई, राघेश्याम, श्रीयुत राघेश्याम, एक घंटे तक-इसके बाद

एक आदमी का चेहरा बना हुआ था। मैंने चेष्टा की कि इस पहेली का कोई अर्थ निकालूँ; लेकिन असफल रहा और उसने पूछने का साहस न हुआ। वह नवी जमात में थे, मैं पाँचवी में। उनकि रचनाओ को समझना मेरे लिए छोटा मुंह बडी बात थी।

मेरा जी पढने में बिलकुल न लगता था। एक घंटा भी किताब लेकर बैठना पहाड़ था। मौका पाते ही होस्टल से निकलकर मैदान में आ जाता और कभी कंकरियां उछालता, कभी कागज कि तितलियाँ उडाता, और कहीं कोई साथी मिल गया तो पूछना ही क्या कभी चारदीवारी पर चढकर नीचे कूद रहे है, कभी फाटक पर वार, उसे आगे-पीछे चलाते हुए मोटरकार का आनंद उठा रहे है। लेकिन कमरे में आते ही भाई साहब का रौद्र रूप देखकर प्राण सूख जाते। उनका पहला सवाल होता-'कहां थें?' हमेशा यही सवाल, इसी ध्वनि में पूछा जाता था और इसका जवाब मेरे पास केवल मौन था। न जाने मुंह से यह बात क्यों न निकलती कि जरा बाहर खेल रहा था। मेरा मौन कह देता था कि मुझे अपना अपराध स्वीकार है और भाई साहब के लिए इसके सिवा और कोई इलाज न था कि रोष से मिले हुए शब्दों में मेरा सत्कार करें।

'इस तरह अंग्रेजी पढ़ोगे, तो जिन्दगी-भर पढ़ते रहोगे और एक हर्फ न आएगा। अँगरेजी पढना कोई हंसी-खेल नही है कि जो चाहे पढ ले, नही, ऐरा-गैरा नत्थू-खैरा सभी अंगरेजी कि विद्धान हो जाते। यहां रात-दिन आंखे फोड़नी पडती है और खून जलाना पड़ता है, जब कही यह विधा आती है। और आती क्या है, हां, कहने को आ जाती है। बडे-बडे विद्धान भी शुद्ध अंगरेजी नही लिख सकते, बोलना तो दुर रहा। और मैं कहता हूं, तुम कितने घोंघा हो कि मुझे देखकर भी सबक नही लेते। मैं कितनी मेहनत करता हूं, तुम अपनी आंखो देखते हो, अगर नही देखते, जो यह तुम्हारी आंखो का कसूर है, तुम्हारी बुद्धि का कसूर है। इतने मेले-तमाशे होते है, मुझे तुमने कभी देखने जाते देखा है, रोज ही क्रिकेट और हाकी मैच होते हैं। मैं पास नही फटकता। हमेशा पढता रहा हूं, उस पर

भी एक-एक दरजे में दो-दो, तीन-तीन साल पडा रहता हूं फिर तुम कैसे आशा करते हो कि तुम यों खेल-कुद में वक्त गंवाकर पास हो जाओगे? मुझे तो दो-ही-तीन साल लगते हैं, तुम उम्र-भर इसी दरजे में पडे सडते रहोगे। अगर तुम्हे इस तरह उम्र गंवानी है, तो बेहतर है, घर चले जाओ और मजे से गुल्ली-डंडा खेलो। दादा की गाढी कमाई के रूपये क्यो बरबाद करते हो?'

मैं यह लताड़ सुनकर आंसू बहाने लगता। जवाब ही क्या था। अपराध तो मैंने किया, लताड कौन सहे? भाई साहब उपदेश कि कला में निपुण थे। ऐसी-ऐसी लगती बातें कहते, ऐसे-ऐसे सूक्ति-बाण चलाते कि मेरे जिगर के टुकडे-टुकडे हो जाते और हिम्मत छूट जाती। इस तरह जान तोडकर मेहनत करने कि शक्ति मैं अपने में न पाता था और उस निराशा मे जरा देर के लिए मैं सोचने लगता-क्यों न घर चला जाऊँ। जो काम मेरे बूते के बाहर है, उसमे हाथ डालकर क्यो अपनी जिन्दगी खराब करूं। मुझे अपना मूर्ख रहना मंजूर था; लेकिन उतनी मेहनत से मुझे तो चक्कर आ जाता था। लेकिन घंटे-दो घंटे बाद निराशा के बादल फट जाते और मैं इरादा करता कि आगे से खूब जी लगाकर पढूंगा। चटपट एक टाइम-टेबिल बना डालता। बिना पहले से नक्शा बनाए, बिना कोई इसकीम तैयार किए काम कैसे शुरूं करूं? टाइम-टेबिल में, खेल-कूद कि मद बिलकुल उड जाती। प्रातःकाल उठना, छः बजे मुंह-हाथ धो, नाश्ता कर पढने बैठ जाना। छः से आठ तक अंग्रेजी, आठ से नौ तक हिसाब, नौ से साढे नौ तक इतिहास, फिर भोजन और स्कूल। साढे तीन बजे स्कूल से वापस होकर आधा घंण्टा आराम, चार से पांच तक भूगोल, पांच से छः तक ग्रामर, आधा घंटा होस्टल के सामने टहलना, साढे छः से सात तक अंग्रेजी कम्पोजीशन, फिर भोजन करके आठ से नौ तक अनुवाद, नौ से दस तक हिन्दी, दस से ग्यारह तक विविध विषय, फिर विश्राम। मगर टाइम-टेबिल बना लेना एक बात है, उस पर अमल करना दूसरी बात। पहले ही दिन से उसकी अवहेलना शुरू हो जाती।

मैदान की वह सुखद हरियाली, हवा के वह हलके-हलके झोके, फुटबाल की उछल-कूद, कबड्डी के वह दांव-घात, वाली-बाल की वह तेजी और फुरती मुझे अज्ञात और अनिर्वाय रूप से खीच ले जाती और वहां जाते ही मैं सब कुछ भूल जाता। वह जान-लेवा टाइम-टेबिल, वह आंखफोड़ पुस्तकें किसी कि याद न रहती, और फिर भाई साहब को नसीहत और फजीहत का अवसर मिल जाता। मैं उनके साये से भागता, उनकी आंखो से दूर रहने कि चेष्टा करता। कमरे मे इस तरह दबे पांव आता कि उन्हे खबर न हो। उनकि नजर मेरी ओर उठी और मेरे प्राण निकले। हमेशा सिर पर नंगी तलवार-सी लटकती मालूम होती। फिर भी जैसे मौत और विपत्ति के बीच मे भी आदमी मोह और माया के बंधन में जकडा रहता है, मैं फटकार और घुडकियां खाकर भी खेल-कूद का तिरस्कार न कर सकता।

2

सालाना इम्तहान हुआ। भाई साहब फेल हो गए, मैं पास हो गया और दरजे में प्रथम आया। मेरे और उनके बीच केवल दो साल का अन्तर रह गया। जी में आया, भाई साहब को आडें हाथो लूँ-आपकी वह घोर तपस्या कहाँ गई? मुझे देखिए, मजे से खेलता भी रहा और दरजे में अव्वल भी हूं। लेकिन वह इतने दु:खी और उदास थे कि मुझे उनसे दिल्ली हमदर्दी हुई और उनके घाव पर नमक छिडकने का विचार ही लज्जास्पद जान पडा। हां, अब मुझे अपने ऊपर कुछ अभिमान हुआ और आत्माभिमान भी बढा भाई साहब का वहरोब मुझ पर न रहा। आजादी से खेल-कूद में शरीक होने लगा। दिल मजबूत था। अगर उन्होने फिर मेरी फजीहत की, तो साफ कह दूँगा-आपने अपना खून जलाकर कौन-सा तीर मार लिया। मैं तो खेलते-कूदते दरजे में अव्वल आ गया। जबावसेयह हेकडी जताने कासाहस न होने पर भी मेरे रंग-ढंग से साफ जाहिर होता था कि भाई साहब का वह आतंक अब मुझ पर नहीं है। भाई साहब ने इसे भाँप लिया-उनकी ससहसत बुद्धि बडी तीव्र थी और

एक दिन जब मै भोर का सारा समय गुल्ली–डंडे कि भेंट करके ठीक भोजन के समय लौटा, तो भाई साइब ने मानो तलवार खीच ली और मुझ पर टूट पडे–देखता हूं, इस साल पास हो गए और दरजे में अव्वल आ गए, तो तुम्हे दिमाग हो गया है; मगर भाईजान, घमंड तो बडे–बडे का नही रहा, तुम्हारी क्या हस्ती है, इतिहास में रावण का हाल तो पढ़ा ही होगा। उसके चरित्र से तुमने कौन–सा उपदेश लिया? या यो ही पढ गए? महज इम्तहान पास कर लेना कोई चीज नही, असल चीज है बुद्धि का विकास। जो कुछ पढो, उसका अभिप्राय समझो। रावण भूमंडल का स्वामी था। ऐसे राजो को चक्रवर्ती कहते हैं। आजकल अंगरेजो के राज्य का विस्तार बहुत बढा हुआ है, पर इन्हे चक्रवर्ती नहीं कह सकते। संसार में अनेको राष्ट्र अँगरेजों का आधिपत्य स्वीकार नहीं करते। बिलकुल स्वाधीन हैं। रावण चक्रवर्ती राजा था। संसार के सभी महीप उसे कर देते थे। बडे–बडे देवता उसकी गुलामी करते थे। आग और पानी के देवता भी उसके दास थे; मगर उसका अंत क्या हुआ, घमंड ने उसका नाम–निशान तक मिटा दिया, कोई उसे एक चिल्लू पानी देनेवाला भी न बचा। आदमी जो कुकर्म चाहे करें; पर अभिमान न करे, इतराए नही। अभिमान किया और दीन–दुनिया से गया।

शैतान का हाल भी पढा ही होगा। उसे यह अनुमान हुआ था कि ईश्वर का उससे बढकर सच्चा भक्त कोई है ही नहीं। अन्त में यह हुआ कि स्वर्ग से नरक में ढकेल दिया गया। शाहेरूम ने भी एक बार अहंकार किया था। भीख मांग–मांगकर मर गया। तुमने तो अभी केवल एक दरजा पास किया है और अभी से तुम्हारा सिर फिर गया, तब तो तुम आगे बढ चुके। यह समझ लो कि तुम अपनी मेहनत से नही पास हुए, अन्धे के हाथ बटेर लग गई। मगर बटेर केवल एक बार हाथ लग सकती है, बार–बार नहीं। कभी–कभी गुल्ली–डंडे में भी अंधा चोट निशाना पड़ जाता है। उससे कोई सफल खिलाड़ी नहीं हो जाता। सफल खिलाड़ी वह है, जिसका कोई निशान खाली न जाए।

मेरे फेल होने पर न जाओ। मेरे दरजे में आओगे, तो दाँतो पसीना आयगा। जब अलजबरा और जामेंट्री के लोहे के चने चबाने पड़ेंगे और इंगलिस्तान का इतिहास पढ़ना पड़ेगा! बादशाहों के नाम याद रखना आसान नहीं। आठ-आठ हेनरी को गुजरे है कौन-सा कांड किस हेनरी के समय हुआ, क्या यह याद कर लेना आसान समझते हो? हेनरी सातवें की जगह हेनरी आठवां लिखा और सब नम्बर गायब! सफाचट। सिर्फ भी न मिलगा, सिफर भी! हो किस ख्याल में! दरजनो तो जेम्स हुए हैं, दरजनो विलियम, कोडियों चार्ल्स दिमाग चक्कर खाने लगता है। आंधी रोग हो जाता है। इन अभागो को नाम भी न जुडते थे। एक ही नाम के पीछे दोयम, तेयम, चहारम, पंचम नगाते चले गए। मुछसे पूछते, तो दस लाख नाम बता देता।

और जामेट्री तो बस खुदा की पनाह! अ ब ज की जगह अ ज ब लिख दिया और सारे नम्बर कट गए। कोई इन निर्दयी मुमतहिनों से नहीं पूछता कि आखिर अ ब ज और अ ज ब में क्या फर्क है और व्यर्थकी बात के लिए क्यो छात्रो का खून करते हो दाल-भात-रोटी खायी या भात-दाल-रोटी खायी, इसमें क्या रखा है; मगर इन परीक्षको को क्या परवाह! वह तो वही देखते है, जो पुस्तक में लिखा है। चाहते हैं कि लडके अक्षर-अक्षर रट डाले। और इसी रटंत का नाम शिक्षा रख छोडा है और आखिर इन बे-सिर-पैर की बातो के पढ़ने से क्या फायदा?

इस रेखा पर वह लम्ब गिरा दो, तो आधार लम्ब से दुगना होगा। पूछिए, इससे प्रयोजन? दुगना नही, चौगुना हो जाए या आधा ही रहे, मेरी बला से, लेकिन परीक्षा में पास होना है, तो यह सब खुराफात याद करनी पड़ेगी। कह दिया-'समय की पाबंदी' पर एक निबन्ध लिखो, जो चार पन्नो से कम न हो। अब आप कापी सामने खोले, कलम हाथ में लिये, उसके नाम को रोइए।

कौन नहीं जानता कि समय की पाबन्दी बहुत अच्छी बात है। इससे आदमी के जीवन में संयम आ जाता है, दूसरो का उस पर

स्नेह होने लगता है और उसके करोबार में उन्नति होती है; जरा-सी बात पर चार पन्ने कैसे लिखें? जो बात एक वाक्य में कही जा सके, उसे चार पन्ने में लिखने की जरूरत? मैं तो इसे हिमाकत समझता हूं। यह तो समय की किफायत नही, बल्कि उसका दुरूपयोग है कि व्यर्थ में किसी बात को ठूंस दिया। हम चाहते है, आदमी को जो कुछ कहना हो, चटपट कह दे और अपनी राह ले। मगर नही, आपको चार पन्ने रंगने पडेंगे, चाहे जैसे लिखिए और पन्ने भी पूरे फुल्सकेप आकार के। यह छात्रो पर अत्याचार नहीं तो और क्या है? अनर्थ तो यह है कि कहा जाता है, संक्षेप में लिखो। समय की पाबन्दी पर संक्षेप में एक निबन्ध लिखो, जो चार पन्नो से कम न हो। ठीक! संक्षेप में चार पन्ने हुए, नही शायद सौ-दो सौ पन्ने लिखवाते। तेज भी दौड़िए और धीरे-धीरे भी। है उल्टी बात या नही? बालक भी इतनी-सी बात समझ सकता है, लेकिन इन अध्यापको को इतनी तमीज भी नहीं। उस पर दावा है कि हम अध्यापक है। मेरे दरजे में आओगे लाला, तो ये सारे पापड बेलने पड़ेंगे और तब आटे-दाल का भाव मालूम होगा। इस दरजे में अव्वल आ गए हो, वो जमीन पर पांव नहीं रखते इसलिए मेरा कहना मानिए। लाख फेल हो गया हूँ, लेकिन तुमसे बड़ा हूं, संसार का मुझे तुमसे ज्यादा अनुभव है। जो कुछ कहता हूं, उसे गिरह बांधिए नही पछताएँगे।

स्कूल का समय निकट था, नहीं इश्वर जाने, यह उपदेश-माला कब समाप्त होती। भोजन आज मुझे निस्स्वाद-सा लग रहा था। जब पास होने पर यह तिरस्कार हो रहा है, तो फेल हो जाने पर तो शायद प्राण ही ले लिए जाएं। भाई साहब ने अपने दरजे की पढाई का जो भयंकर चित्र खीचा था; उसने मुझे भयभीत कर दिया। कैसे स्कूल छोडकर घर नही भागा, यही ताज्जुब है; लेकिन इतने तिरस्कार पर भी पुस्तकों में मेरी अरूचि ज्यो-कि-त्यों बनी रही। खेल-कूद का कोई अवसर हाथ से न जाने देता। पढ़ता भी था, मगर बहुत कम। बस, इतना कि रोज का टास्क पूरा हो जाए और

दरजे में जलील न होना पडें। अपने ऊपर जो विश्वास पैदा हुआ था, वह फिर लुप्त हो गया और फिर चोरो का-सा जीवन कटने लगा।

3

फिर सालाना इम्तहान हुआ, और कुछ ऐसा संयोग हुआ कि मैं फिर पास हुआ और भाई साहब फिर फेल हो गए। मैंने बहुत मेहनत न की पर न जाने, कैसे दरजे में अव्वल आ गया। मुझे खुद अचरज हुआ। भाई साहब ने प्राणांतक परिश्रम किया था। कोर्स का एक-एक शब्द चाट गये थे; दस बजे रात तक इधर, चार बजे भोर से उभर, छः से साढे नौ तक स्कूल जाने के पहले। मुद्रा कांतिहीन हो गई थी, मगर बेचारे फेल हो गए। मुझे उन पर दया आती थी। नतीजा सुनाया गया, तो वह रो पड़े और मैं भी रोने लगा। अपने पास होने वाली खुशी आधी हो गई। मैं भी फेल हो गया होता, तो भाई साहब को इतना दुःख न होता, लेकिन विधि की बात कौन टाले?

मेरे और भाई साहब के बीच में अब केवल एक दरजे का अन्तर और रह गया। मेरे मन में एक कुटिल भावना उदय हुई कि कही भाई साहब एक साल और फेल हो जाएँ, तो मै उनके बराबर हो जाऊं, फिर वह किस आधार पर मेरी फजीहत कर सकेगे, लेकिन मैंने इस कमीने विचार को दिल से बलपूर्वक निकाल डाला। आखिर वह मुझे मेरे हित के विचार से ही तो डांटते हैं। मुझे उस वक्त अप्रिय लगता है अवश्य, मगर यह शायद उनके उपदेशों का ही असर हो कि मैं दनानद पास होता जाता हूं और इतने अच्छे नम्बरों से।

अबकी भाई साहब बहुत-कुछ नर्म पड़ गए थे। कई बार मुझे डांटने का अवसर पाकर भी उन्होंने धीरज से काम लिया। शायद अब वह खुद समझने लगे थे कि मुझे डांटने का अधिकार उन्हे नही रहा; या रहा तो बहुत कम। मेरी स्वच्छंदता भी बढी। मैं उनकि सहिष्णुता का अनुचित लाभ उठाने लगा। मुझे कुछ ऐसी धारणा हुई कि मैं तो पास ही हो जाऊंगा, पढू या न पढूं मेरी तकदीर बलवान्

है, इसलिए भाई साहब के डर से जो थोडा-बहुत बढ लिया करता था, वह भी बंद हुआ। मुझे कनकौए उडाने का नया शौक पैदा हो गया था और अब सारा समय पतंगबाजी ही की भेंट होता था, फिर भी मैं भाई साहब का अदब करता था, और उनकी नजर बचाकर कनकौए उड़ाता था। मांझा देना, कन्ने बांधना, पतंग टूर्नामेंट की तैयारियां आदि समस्याएँ अब गुप्त रूप से हल की जाती थीं। भाई साहब को यह संदेह न करने देना चाहता था कि उनका सम्मान और लिहाज मेरी नजरो से कम हो गया है।

एक दिन संध्या समय होस्टल से दूर मैं एक कनकौआ लूटने बंतहाशा दौडा जा रहा था। आंखे आसमान की ओर थीं और मन उस आकाशगामी पथिक की ओर, जो मंद गति से झूमता पतन की ओर चला जा रहा था, मानो कोई आत्मा स्वर्ग से निकलकर विरक्त मन से नए संस्कार ग्रहण करने जा रही हो। बालकों की एक पूरी सेना लग्गे और झड़दार बांस लिये उनका स्वागत करने को दौड़ी आ रही थी। किसी को अपने आगे-पीछे की खबर न थी। सभी मानो उस पतंग के साथ ही आकाश में उड़ रहे थे, जहॉ सब कुछ समतल है, न मोटरकारे है, न ट्राम, न गाडियाँ। सहसा भाई साहब से मेरी मुठभेड हो गई, जो शायद बाजार से लौट रहे थे। उन्होने वही मेरा हाथ पकड लिया और उग्रभाव से बोले-इन बाजारी लौंडो के साथ धेले के कनकौए के लिए दौड़ते तुम्हें शर्म नही आती? तुम्हें इसका भी कुछ लिहाज नहीं कि अब नीची जमात में नहीं हो, बल्कि आठवीं जमात में आ गये हो और मुझसे केवल एक दरजा नीचे हो। आखिर आदमी को कुछ तो अपनी पोजीशन का ख्याल करना चाहिए। एक जमाना था कि कि लोग आठवां दरजा पास करके नायब तहसीलदार हो जाते थे। मैं कितने ही मिडलचियों को जानता हूं, जो आज अव्वल दरजे के डिप्टी मजिस्ट्रेट या सुपरिटेंडेंट है। कितने ही आठवी जमाअत वाले हमारे लीडर और समाचार-पत्रो के सम्पादक है। बडें-बडें विद्धान उनकी मातहती में काम करते है और तुम उसी आठवें दरजे में आकर

बाजारी लौंडों के साथ कनकौए के लिए दौड़ रहे हो। मुझे तुम्हारी इस कमअकली पर दुःख होता है। तुम जहीन हो, इसमें शक नही: लेकिन वह जेहन किस काम का, जो हमारे आत्मगौरव की हत्या कर डाले? तुम अपने दिन में समझते होगे, मैं भाई साहब से महज एक दर्जा नीचे हूं और अब उन्हे मुझको कुछ कहने का हक नही है; लेकिन यह तुम्हारी गलती है। मैं तुमसे पांच साल बडा हूं और चाहे आज तुम मेरी ही जमाअत में आ जाओ–और परीक्षकों का यही हाल है, तो निस्संदेह अगले साल तुम मेरे समकक्ष हो जाओगे और शायद एक साल बाद तुम मुझसे आगे निकल जाओ–लेकिन मुझमें और जो पांच साल का अन्तर है, उसे तुम क्या, खुदा भी नही मिटा सकता। मैं तुमसे पांच साल बडा हूं और हमेशा रहूंगा। मुझे दुनिया का और जिन्दगी का जो तजरबा है, तुम उसकी बराबरी नहीं कर सकते, चाहे तुम एम. ए., डी. फिल. और डी. लिट. ही क्यो न हो जाओ। समझ किताबें पढने से नहीं आती है। हमारी अम्मा ने कोई दरजा पास नही किया, और दादा भी शायद पांचवी जमाअत के आगे नही गये, लेकिन हम दोनो चाहे सारी दुनिया की विधा पढ ले, अम्मा और दादा को हमें समझाने और सुधारने का अधिकार हमेशा रहेगा। केवल इसलिए नही कि वे हमारे जन्मदाता है, बल्कि इसलिए कि उन्हे दुनिया का हमसे ज्यादा जतरबा है और रहेगा। अमेरिका में किस जरह कि राज्य–व्यवस्था है और आठवे हेनरी ने कितने विवाह किये और आकाश में कितने नक्षत्र है, यह बाते चाहे उन्हे न मालूम हो, लेकिन हजारों ऐसी आते है, जिनका ज्ञान उन्हे हमसे और तुमसे ज्यादा है।

दैव न करें, आज मैं बीमार हो आऊं, तो तुम्हारे हाथ–पांव फूल जाएगें। दादा को तार देने के सिवा तुम्हे और कुछ न सूझेंगा; लेकिन तुम्हारी जगह पर दादा हो, तो किसी को तार न दें, न घबराएं, न बदहवास हों। पहले खुद मरज पहचानकर इलाज करेंगे, उसमें सफल न हुए, तो किसी डांक्टर को बुलायेगें। बीमारी तो खैर बडी चीज है। हम–तुम तो इतना भी नही जानते कि महीने–भर का

महीने-भर कैसे चले। जो कुछ दादा भेजते है, उसे हम बीस-बाईस तक खर्च कर डालते है और पैसे-पैसे को मोहताज हो जाते है। नाश्ता बंद हो जाता है, धोबी और नाई से मुंह चुराने लगते है; लेकिन जितना आज हम और तुम खर्च कर रहे है, उसके आधे में दादा ने अपनी उम्र का बडा भाग इज्जत और नेकनामी के साथ निभाया है और एक कुटुम्ब का पालन किया है, जिसमे सब मिलाकर नौ आदमी थे। अपने हेडमास्टर साहब ही को देखो। एम. ए. हैं कि नही, और यहा के एम. ए. नही, आक्यफोर्ड के। एक हजार रूपये पाते है, लेकिन उनके घर इंतजाम कौन करता है? उनकी बूढी मां। हेडमास्टर साहब की डिग्री यहां बेकार हो गई। पहले खुद घर का इंतजाम करते थे। खर्च पूरा न पड़त था। करजदार रहते थे। जब से उनकी माताजी ने प्रबंध अपने हाथ मे ले लिया है, जैसे घर में लक्ष्मी आ गई है। तो भाईजान, यह जरूर दिल से निकाल डालो कि तुम मेरे समीप आ गये हो और अब स्वतंत्र हो। मेरे देखते तुम बेराह नही चल पाओगे। अगर तुम यों न मानोगे, तो मैं (थप्पड दिखाकर) इसका प्रयोग भी कर सकता हूं। मैं जानता हूं, तुम्हें मेरी बातें जहर लग रही है।

मैं उनकी इस नई युक्ति से नतमस्तक हो गया। मुझे आज सचमुच अपनी लघुता का अनुभव हुआ और भाई साहब के प्रति मेरे तम में श्रद्धा उत्पन्न हुई। मैंने सजल आंखों से कहा-हरगिज नही। आप जो कुछ फरमा रहे है, वह बिलकुल सच है और आपको कहने का अधिकार है।

भाई साहब ने मुझे गले लगा लिया और बाल-कनकाए उड़ान को मना नहीं करता। मेरा जी भी ललचाता है, लेकिन क्या करूँ, खुद बेराह चलूं तो तुम्हारी रक्षा कैसे करूँ? यह कर्त्तव्य भी तो मेरे सिर पर है।

संयोग से उसी वक्त एक कटा हुआ कनकौआ हमारे ऊपर से गुजरा। उसकी डोर लटक रही थी। लड़कों का एक गोल पीछे-पीछे दौड़ा चला आता था। भाई साहब लंबे हैं ही, उछलकर उसकी डोर पकड़ ली और बेतहाशा होटल की तरफ दौड़े। मैं पीछे-पीछे दौड़ रहा था।

ठाकुर का कुआँ

1

जोखू ने लोटा मुँह से लगाया तो पानी में सख्त बदबू आयी। गंगी से बोला–यह कैसा पानी है? मारे बास के पिया नहीं जाता। गला सूखा जा रहा है और तू सड़ा पानी पिलाये देती है !

गंगी प्रतिदिन शाम पानी भर लिया करती थी। कुआँ दूर था, बार–बार जाना मुश्किल था। कल वह पानी लायी, तो उसमें बू बिलकुल न थी, आज पानी में बदबू कैसी! लोटा नाक से लगाया, तो सचमुच बदबू थी। जरुर कोई जानवर कुएँ में गिरकर मर गया होगा, मगर दूसरा पानी आवे कहाँ से?

ठाकुर के कुएँ पर कौन चढ़ने देगा? दूर से लोग डाँट बतायेंगे। साहू का कुआँ गाँव के उस सिरे पर है, परंतु वहाँ भी कौन पानी भरने देगा? कोई तीसरा कुआँ गाँव में है नहीं।

जोखू कई दिन से बीमार है। कुछ देर तक तो प्यास रोके चुप पड़ा रहा, फिर बोला– अब तो मारे प्यास के रहा नहीं जाता। ला, थोड़ा पानी नाक बंद करके पी लूँ।

गंगी ने पानी न दिया। खराब पानी से बीमारी बढ़ जायगी इतना जानती थी, परंतु यह न जानती थी कि पानी को उबाल देने से उसकी खराबी जाती रहती हैं। बोली–यह पानी कैसे पियोगे? न जाने कौन जानवर मरा है। कुएँ से मैं दूसरा पानी लाये देती हूँ।

जोखू ने आश्चर्य से उसकी ओर देखा- पानी कहाँ से लायेगी?

ठाकुर और साहू के दो कुएँ तो हैं। क्या एक लोटा पानी न भरने देंगे?

'हाथ-पाँव तुड़वा आयेगी और कुछ न होगा। बैठ चुपके से। ब्रह्म-देवता आशीर्वाद देंगे, ठाकुर लाठी मारेगें, साहूजी एक के पाँच लेंगे। गरीबों का दर्द कौन समझता है! हम तो मर भी जाते हैं, तो कोई दुआर पर झाँकने नहीं आता, कंधा देना तो बड़ी बात है। ऐसे लोग कुएँ से पानी भरने देंगे?'

इन शब्दों में कड़वा सत्य था। गंगी क्या जवाब देती, किन्तु उसने वह बदबूदार पानी पीने को न दिया।

2

रात के नौ बजे थे। थके-माँदे मजदूर तो सो चुके थे, ठाकुर के दरवाजे पर दस-पाँच बेफिक्रे जमा थे। मैदानी बहादुरी का तो अब न जमाना रहा है, न मौका। कानूनी बहादुरी की बातें हो रही थीं। कितनी होशियारी से ठाकुर ने थानेदार को एक खास मुकदमे में रिश्वत दी और साफ निकल गये। कितनी अक्लमंदी से एक मार्के के मुकदमे की नकल ले आये। नाजिर और मोहतमिम, सभी कहते थे, नकल नहीं मिल सकती। कोई पचास माँगता, कोई सौ। यहाँ बेपैसे- कौड़ी नकल उड़ा दी। काम करने ढंग चाहिए।

इसी समय गंगी कुएँ से पानी लेने पहुँची।

कुप्पी की धुँधली रोशनी कुएँ पर आ रही थी। गंगी जगत की आड़ में बैठी मौके का इंतजार करने लगी। इस कुएँ का पानी सारा गाँव पीता है। किसी के लिए रोका नहीं, सिर्फ ये बदनसीब नहीं भर सकते।

गंगी का विद्रोही दिल रिवाजी पाबंदियों और मजबूरियों पर चोटें करने लगा- हम क्यों नीच हैं और ये लोग क्यों ऊँच हैं? इसलिए कि ये लोग गले में तागा डाल लेते हैं? यहाँ तो जितने है, एक-से-एक छँटे हैं। चोरी ये करें, जाल-फरेब ये करें, झूठे नुकदमे ये

करें। अभी इस ठाकुर ने तो उस दिन बेचारे गड़रिये की भेड़ चुरा ली थी और बाद मे मारकर खा गया। इन्हीं पंडित के घर में तो बारहों मास जुआ होता है। यही साहू जी तो घी में तेल मिलाकर बेचते है। काम करा लेते हैं, मजूरी देते नानी मरती है। किस-किस बात में हमसे ऊँचे हैं, हम गली-गली चिल्लाते नहीं कि हम ऊँचे है, हम ऊँचे। कभी गाँव में आ जाती हूँ, तो रस-भरी आँख से देखने लगते हैं। जैसे सबकी छाती पर साँप लोटने लगता है, परंतु घमंड यह कि हम ऊँचे हैं!

कुएँ पर किसी के आने की आहट हुई। गंगी की छाती धक-धक करने लगी। कहीं देख लें तो गजब हो जाय। एक लात भी तो नीचे न पड़े। उसने घड़ा और रस्सी उठा ली और झुककर चलती हुई एक वृक्ष के अंधेरे साये मे जा खड़ी हुई। कब इन लोगों को दया आती है किसी पर! बेचारे महँगू को इतना मारा कि महीनो लहू थूकता रहा। इसीलिए तो कि उसने बेगार न दी थी। इस पर ये लोग ऊँचे बनते हैं?

कुएँ पर स्त्रियाँ पानी भरने आयी थी। इनमें बात हो रही थी।

'खाना खाने चले और हुक्म हुआ कि ताजा पानी भर लाओ घड़े के लिए पैसे नहीं हैं।'

'हम लोगों को आराम से बैठे देखकर जैसे मरदों को जलन होती है।'

'हाँ, यह तो न हुआ कि कलसिया उठाकर भर लाते। बस, हुकुम चला दिया कि ताजा पानी लाओ, जैसे हम लौंडियाँ ही तो हैं।'

'लौडिंयाँ नहीं तो और क्या हो तुम? रोटी-कपड़ा नहीं पातीं? दस-पाँच रुपये भी छीन- झपटकर ले ही लेती हो। और लौडियाँ कैसी होती हैं!'

'मत लजाओ, दीदी! छिन-भर आराम करने को जी तरसकर रह जाता है। इतना काम किसी दूसरे के घर कर देती, तो इससे कहीं

आराम से रहती। ऊपर से वह एहसान मानता! यहाँ काम करते-करते मर जाओ; पर किसी का मुँह ही सीधा नहीं होता।'

दोनों पानी भरकर चली गयीं, तो गंगी वृक्ष की छाया से निकली और कुएँ की जगत के पास आयी। बेफिक्रे चले गऐ थे। ठाकुर भी दरवाजा बंद कर अंदर आँगन में सोने जा रहे थे। गंगी ने क्षणिक सुख की साँस ली। किसी तरह मैदान तो साफ हुआ। अमृत चुरा लाने के लिए जो राजकुमार किसी जमाने में गया था, वह भी शायद इतनी सावधानी के साथ और समझ-बूझकर न गया हो। गंगी दबे पाँव कुएँ की जगत पर चढ़ी, विजय का ऐसा अनुभव उसे पहले कभी न हुआ था।

उसने रस्सी का फंदा घड़े में डाला। दायें-बायें चौकन्नी दृष्टि से देखा जैसे कोई सिपाही रात को शत्रु के किले में सुराख कर रहा हो। अगर इस समय वह पकड़ ली गयी, तो फिर उसके लिए माफी या रियायत की रत्ती-भर उम्मीद नहीं। अंत मे देवताओं को याद करके उसने कलेजा मजबूत किया और घड़ा कुएँ में डाल दिया।

घड़े ने पानी में गोता लगाया, बहुत ही आहिस्ता। जरा भी आवाज न हुई। गंगी ने दो- चार हाथ जल्दी-जल्दी मारे।घड़ा कुएँ के मुँह तक आ पहुँचा। कोई बड़ा शहजोर पहलवान भी इतनी तेजी से न खींच सकता था।

गंगी झुकी कि घड़े को पकड़कर जगत पर रखे कि एकाएक ठाकुर साहब का दरवाजा खुल गया। शेर का मुँह इससे अधिक भयानक न होगा।

गंगी के हाथ से रस्सी छूट गयी। रस्सी के साथ घड़ा धड़ाम से पानी में गिरा और कई क्षण तक पानी में हिलकोरे की आवाजें सुनाई देती रहीं।

ठाकुर कौन है, कौन है? पुकारते हुए कुएँ की तरफ आ रहे थे और गंगी जगत से कूदकर भागी जा रही थी।

घर पहुँचकर देखा कि जोखू लोटा मुँह से लगाये वही मैला-गंदा पानी पी रहा है।

पूस की रात

1

हल्कू ने आकर स्त्री से कहा--सहना आया है। लाओ, जो रुपये रखे हैं, उसे दे दूँ, किसी तरह गला तो छूटे।

मुन्नी झाड़ू लगा रही थी। पीछे फिरकर बोली-तीन ही रुपये हैं, दे दोगे तो कम्मल कहाँ से आवेगा? माघ-पूस की रात हार में कैसे कटेगी? उससे कह दो, फसल पर दे देंगे। अभी नहीं।

हल्कू एक क्षण अनिशिचत दशा में खड़ा रहा। पूस सिर पर आ गया, कम्बल के बिना हार मे रात को वह किसी तरह सो नहीं सकता। मगर सहना मानेगा नहीं, घुड़कियाँ जमावेगा, गालियाँ देगा। बला से जाड़ों मे मरेंगे, बला तो सिर से टल जाएगी। यह सोचता हुआ वह अपना भारी-भरकम डील लिए हुए (जो उसके नाम को झूठ सिध्द करता था) स्त्री के समीप आ गया और खुशामद करके बोला-दे दे, गला तो छूटे। कम्मल के लिए कोई दूसरा उपाय सोचूंगा।

मुन्नी उसके पास से दूर हट गई और आँखें तरेरती हुई बोली-कर चुके दूसरा उपाय! जरा सुनूँ तो कौन-सा उपाय करोगे? कोई खैरात दे देगा कम्मल? न जान कितनी बाकी है, जों किसी तरह चुकने ही नहीं आती। मैं कहती हूं, तुम क्यों नहीं खेती छोड़ देते? मर-मर काम करों, उपज हो तो बाकी दे दो, चलो छुटटी हुई। बाकी चुकाने के लिए ही तो हमारा जनम हुआ है। पेट के लिए मजूरी करों। ऐसी खेती से बाज आयें। मैं रुपयें न दूँगी, न दूँगी।

हल्कू उदास होकर बोला-तो क्या गाली खाऊँ? मुन्नी ने तड़पकर कहा-गाली क्यों देगा, क्या उसका राज है?

मगर यह कहने के साथ ही उसकी तनी हुई भौहें ढीली पड़ गई। हल्कू के उस वाक्य में जो कठोर सत्य था, वह मानो एक भीषण जंतु की भाँति उसे घूर रहा था।

उसने जाकर आले पर से रुपये निकाले और लाकर हल्कू के हाथ पर रख दिए। फिर बोली-तुम छोड़ दो अबकी से खेती। मजूरी में सुख से एक रोटी तो खाने को मिलेगी। किसी की धौंस तो न रहेगी। अच्छी खेती है! मजूरी करके लाओ, वह भी उसी में झोंक दो, उस पर धौंस।

हल्कू न रुपयें लिये और इस तरह बाहर चला, मानो अपना हृदय निकालकर देने जा रहा हों। उसने मजूरी से एक-एक पैसा काट-काटकर तीन रुपये कम्बल के लिए जमा किए थें। वह आज निकले जा रहे थे। एक-एक पग के साथ उसका मस्तक पानी दीनता के भार से दबा जा रहा था।

2

पूस की अँधेरी रात! आकाश पर तारे भी ठिठुरते हुए मालूम होते थे। हल्कू अपने खेत के किनारे ऊख के पतों की एक छतरी के नीचे बास के खटाले पर अपनी पुरानी गाढ़े की चादर ओढ़े पड़ा काँप रहा था। खाट के नीचे उसका संगी कुत्ता जबरा पेट मे मुँह डाले सर्दी से कूँ-कूँ कर रहा था। दो मे से एक को भी नींद नहीं आ रही थी।

हल्कू ने घुटनियों कों गरदन में चिपकाते हुए कहा-क्यों जबरा, जाड़ा लगता है? कहता तो था, घर में पुआल पर लेट रह, तो यहाँ क्या लेने आये थें? अब खाओ ठंड, मै क्या करूँ? जानते थें, मै। यहाँ हलुआ-पूरी खाने आ रहा हूँ, दोड़े-दौड़े आगे-आगे चले आये। अब रोओ नानी के नाम को।

जबरा ने पड़े-पड़े दुम हिलायी और अपनी कूँ-कूँ को दीर्घ बनाता हुआ कहा-कल से मत आना मेरे साथ, नहीं तो ठंडे हो

जाओगे। यी रांड पछुआ न जाने कहाँ से बरफ लिए आ रही है। उठूँ, फिर एक चिलम भरूँ। किसी तरह रात तो कटे! आठ चिलम तो पी चुका। यह खेती का मजा है! और एक भगवान ऐसे पड़े हैं, जिनके पास जाड़ा आए तो गरमी से घबड़ाकर भागे। मोटे-मोटे गददे, लिहाफ, कम्बल। मजाल है, जाड़े का गुजर हो जाए। तकदीर की खूबी! मजूरी हम करें, मजा दूसरे लूटें!

हल्कू उठा, गड्ढ़े मे से जरा-सी आग निकालकर चिलम भरी। जबरा भी उठ बैठा।

हल्कू ने चिलम पीते हुए कहा-पिएगा चिलम, जाड़ा तो क्या जाता हैं, हाँ जरा, मन बदल जाता है।

जबरा ने उनके मुँह की ओर प्रेम से छलकता हुई आँखों से देखा।

हल्कू-आज और जाड़ा खा ले। कल से मैं यहाँ पुआल बिछा दूँगा। उसी में घुसकर बैठना, तब जाड़ा न लगेगा।

जबरा ने अपने पंजे उसकी घुटनियों पर रख दिए और उसके मुँह के पास अपना मुँह ले गया। हल्कू को उसकी गर्म साँस लगी।

चिलम पीकर हल्कू फिर लेटा और निश्चय करके लेटा कि चाहे कुछ हो अबकी सो जाऊँगा, पर एक ही क्षण में उसके हृदय में कम्पन होने लगा। कभी इस करवट लेटता, कभी उस करवट, पर जाड़ा किसी पिशाच की भाँति उसकी छाती को दबाए हुए था।

जब किसी तर न रहा गया, उसने जबरा को धीरे से उठाया और उसक सिर को थपथपाकर उसे अपनी गोद में सुला लिया। कुत्ते की देह से जाने कैसी दुर्गंध आ रही थी, पर वह उसे अपनी गोद मे चिपटाए हुए ऐसे सुख का अनुभव कर रहा था, जो इधर महीनों से उसे न मिला था। जबरा शायद यह समझ रहा था कि स्वर्ग यहीं है, और हल्कू की पवित्र आत्मा में तो उस कुत्ते के प्रति घृणा की गंध तक न थी। अपने किसी अभिन्न मित्र या भाई को भी वह इतनी ही तत्परता से गले लगाता। वह अपनी दीनता से आहत न था, जिसने आज उसे इस दशा को पहुंचा दिया। नहीं, इस अनोखी

मैत्री ने जैसे उसकी आत्मा के सब द्वार खोल दिए थे और उनका एक-एक अणु प्रकाश से चमक रहा था।

सहसा जबरा ने किसी जानवर की आहट पाई। इस विशेष आत्मीयता ने उसमे एक नई स्फूर्ति पैदा कर रही थी, जो हवा के ठंडें झोकों को तुच्छ समझती थी। वह झपटकर उठा और छपरी से बाहर आकर भूँकने लगा। हल्कू ने उसे कई बार चुमकारकर बुलाया, पर वह उसके पास न आया। हार मे चारों तरफ दौड़-दौड़कर भूँकता रहा। एक क्षण के लिए आ भी जाता, तो तुरंत ही फिर दौड़ता। कर्त्तव्य उसके हृदय में अरमान की भाँति ही उछल रहा था।

3

एक घंटा और गुजर गया। रात ने शीत को हवा से धधकाना शुरू किया।

हल्कू उठ बैठा और दोनों घुटनों को छाती से मिलाकर सिर को उसमें छिपा लिया, फिर भी ठंड कम न हुई, ऐसा जान पड़ता था, सारा रक्त जम गया हैं, धमनियों मे रक्त की जगह हिम बह रहीं है। उसने झुककर आकाश की ओर देखा, अभी कितनी रात बाकी है! सप्तर्षि अभी आकाश में आधे भी नहीं चढ़े। ऊपर आ जाएँगे तब कहीं सबेरा होगा। अभी पहर से ऊपर रात हैं।

हल्कू के खेत से कोई एक गोली के टप्पे पर आमों का एक बाग था। पतझड़ शुरू हो गई थी। बाग में पत्तियो को ढेर लगा हुआ था। हल्कू ने सोच, चलकर पत्तियों बटोरूँ और उन्हें जलाकर खूब तापूँ। रात को कोई मुझें पत्तियों बटारते देख तो समझे, कोई भूत है। कौन जाने, कोई जानवर ही छिपा बैठा हो, मगर अब तो बैठे नहीं रह जाता।

उसने पास के अरहर के खेत मे जाकर कई पौधें उखाड़ लिए और उनका एक झाड़ू बनाकर हाथ में सुलगता हुआ उपला लिये बगीचे की तरफ चला। जबरा ने उसे आते देखा, पास आया और दुम हिलाने लगा।

हल्कू ने कहा–अब तो नहीं रहा जाता जबरू। चलो बगीचे में पत्तियों बटोरकर तापें। टाँटे हो जाएँगे, तो फिर आकर सोएँगें। अभी तो बहुत रात है।

जबरा ने कूँ-कूँ करें सहमति प्रकट की और आगे बगीचे की ओर चला।

बगीचे में खूब अँधेरा छाया हुआ था और अंधकार में निर्दय पवन पत्तियों को कुचलता हुआ चला जाता था। वृक्षों से ओस की बूँदे टप-टप नीचे टपक रही थीं।

एकाएक एक झोंका मेहँदी के फूलों की खूशबू लिए हुए आया।

हल्कू ने कहा–कैसी अच्छी महक आई जबरू! तुम्हारी नाक में भी तो सुगंध आ रही है?

जबरा को कहीं जमीन पर एक हड्डी पड़ी मिल गई थी। उसे चिंचोड़ रहा था।

हल्कू ने आग जमीन पर रख दी और पत्तियों बठारने लगा। जरा देर में पत्तियों का ढेर लग गया था। हाथ ठिठुरे जाते थें। नगें पांव गले जाते थें। और वह पत्तियों का पहाड़ खड़ा कर रहा था। इसी अलाव में वह ठंड को जलाकर भस्म कर देगा।

थोड़ी देर में अलावा जल उठा। उसकी लौ ऊपर वाले वृक्ष की पत्तियों को छू-छूकर भागने लगी। उस अस्थिर प्रकाश में बगीचे के विशाल वृक्ष ऐसे मालूम होते थे, मानो उस अथाह अंधकार को अपने सिरों पर सँभाले हुए हों। अन्धकार के उस अनंत सागर मे यह प्रकाश एक नौका के समान हिलता, मचलता हुआ जान पड़ता था।

हल्कू अलाव के सामने बैठा आग ताप रहा था। एक क्षण में उसने दोहर उताकर बगल में दबा ली, दोनों पाव फैला दिए, मानों ठंड को ललकार रहा हो, तेरे जी में आए सो कर। ठंड की असीम शक्ति पर विजय पाकर वह विजय-गर्व को हृदय में छिपा न सकता था।

उसने जबरा से कहा–क्यों जब्बर, अब ठंड नहीं लग रही है?

जब्बर ने कूँ-कूँ करके मानो कहा-अब क्या ठंड लगती ही रहेगी?

'पहले से यह उपाय न सूझा, नहीं इतनी ठंड क्यों खातें।'

जब्बर ने पूँछ हिलायी।

अच्छा आओ, इस अलाव को कूदकर पार करें। देखें, कौन निकल जाता है। अगर जल गए बचा, तो मैं दवा न करूँगा।

जब्बर ने उस अग्नि-राशि की ओर कातर नेत्रों से देखा!

मुन्नी से कल न कह देना, नहीं लड़ाई करेगी।

यह कहता हुआ वह उछला और उस अलाव के ऊपर से साफ निकल गया। पैरों में जरा लपट लगी, पर वह कोई बात न थी। जबरा आग के गिर्द घूमकर उसके पास आ खड़ा हुआ।

हल्कू ने कहा-चलो-चलों इसकी सही नहीं! ऊपर से कूदकर आओ। वह फिर कूदा और अलाव के इस पार आ गया।

4

पत्तियाँ जल चुकी थीं। बगीचे में फिर अँधेरा छा गया था। राख के नीचे कुछ-कुछ आग बाकी थी, जो हवा का झोंका आ जाने पर जरा जाग उठती थी, पर एक क्षण में फिर आँखे बन्द कर लेती थी!

हल्कू ने फिर चादर ओढ़ ली और गर्म राख के पास बैठा हुआ एक गीत गुनगुनाने लगा। उसके बदन में गर्मी आ गई थी, पर ज्यों-ज्यों शीत बढ़ती जाती थी, उसे आलस्य दबाए लेता था।

जबरा जोर से भूँककर खेत की ओर भागा। हल्कू को ऐसा मालूम हुआ कि जानवरों का एक झुण्ड खेत में आया है। शायद नीलगायों का झुण्ड था। उनके कूदने-दौड़ने की आवाजें साफ कान में आ रही थी। फिर ऐसा मालूम हुआ कि खेत में चर रहीं है। उनके चबाने की आवाज चर-चर सुनाई देने लगी। उसने दिल में कहा-नहीं, जबरा के होते कोई जानवर खेत में नहीं आ सकता। नोच ही डाले। मुझे भ्रम हो रहा है। कहाँ! अब तो कुछ नहीं सुनाई देता। मुझे भी कैसा धोखा हुआ!

उसने जोर से आवाज लगायी-जबरा, जबरा।

जबरा भूँकता रहा। उसके पास न आया।

फिर खेत के चरे जाने की आहट मिली। अब वह अपने को धोखा न दे सका। उसे अपनी जगह से हिलना जहर लग रहा था। कैसा दँदाया हुआ बैठा था। इस जाड़े-पाले में खेत में जाना, जानवरों के पीछे दौड़ना असह्य जान पड़ा। वह अपनी जगह से न हिला।

उसने जोर से आवाज लगायी-हिलो! हिलो! हिलो!

जबरा फिर भूँक उठा। जानवर खेत चर रहे थें। फसल तैयार हैं। कैसी अच्छी खेती थी, पर ये दुष्ट जानवर उसका सर्वनाश किए डालते है।

हल्कू पक्का इरादा करके उठा और दो-तीन कदम चला, पर एकाएक हवा कस ऐसा ठंडा, चुभने वाला, बिच्छू के डंक का-सा झोंका लगा कि वह फिर बुझते हुए अलाव के पास आ बैठा और राख को कुरेदकर अपनी ठंडी देह को गर्माने लगा।

जबरा अपना गला फाड़ डालता था, नील गाये खेत का सफाया किए डालती थीं और हल्कू गर्म राख के पास शांत बैठा हुआ था। अकर्मण्यता ने रस्सियों की भाँति उसे चारों तरफ से जकड़ रखा था।

उसी राख के पस गर्म जमीन पर वही चादर ओढ़ कर सो गया।

सबेरे जब उसकी नींद खुली, तब चारों तरफ धूप फैली गई थी और मुन्नी की रही थी-क्या आज सोते ही रहोगे? तुम शुरूआकर रम गए और उधर सारा खेत चौपट हो गया।

हल्कू न उठकर कहा-क्या तू खेत से होकर आ रही है?

मुन्नी बोली-हाँ, सारे खेत का सत्यनाश हो गया। भला, ऐसा भी कोई सोता है। तुम्हारे यहाँ मँड़ैया डालने से क्या हुआ?

हल्कू ने बहाना किया-मैं मरते-मरते बचा, तुझे अपने खेत

की पड़ी हैं। पेट में ऐसा दरद हुआ, ऐसा दरद हुआ कि मैं नहीं जानता हूँ!

दोनों फिर खेत के डाँड़ पर आये। देखा सारा खेत रौदां पड़ा हुआ है और जबरा मँड़ैया के नीचे चित लेटा है, मानो प्राण ही न हों।

दोनों खेत की दशा देख रहे थे। मुन्नी के मुख पर उदासी छायी थी, पर हल्कू प्रसन्न था।

मुन्नी ने चिंतित होकर कहा–अब मजूरी करके मालगुजारी भरनी पड़ेगी।

हल्कू ने प्रसन्न मुख से कहा–रात को ठंड में यहाँ सोना तो न पड़ेगा।

मुक्ति-मार्ग

सिपाही को अपनी लाल पगड़ी पर, सुंदरी को अपने गहनों पर और वैद्य को अपने सामने बैठे हुए रोगियों पर जो घमंड होता है, वही किसान को अपने खेतों को लहराते हुए देखकर होता है। झींगुर अपने ऊख के खेतों को देखता, तो उस पर नशा-सा छा जाता। तीन बीघे ऊख थी। इसके 600 रुपए तो अनायास ही मिल जाएँगे। और जो कहीं भगवान् ने डाड़ी तेज कर दी तो फिर क्या पूछना! दोनों बैल बुड्ढे हो गए। अबकी नई गोई बटेसर के मेले से ले आएगा। कहीं दो बीघे खेत और मिल गए, तो लिखा लेगा। रुपए की क्या चिंता। बनिए अभी से उसकी खुशामद करने लगे थे। ऐसा कोई न था जिससे उसने गाँव में लड़ाई न की हो। वह अपने आगे किसी को कुछ समझता ही न था।

एक दिन संध्या के समय वह अपने बेटे को गोद में लिए मटर की फलियाँ तोड़ रहा था। इतने में उसे भेड़ों का एक झुंड अपनी तरफ आता दिखाई दिया। वह अपने मन में कहने लगा-इधर से भेड़ों के निकलने का रास्ता न था। क्या खेत की मेंड़ पर से भेड़ों का झुंड नहीं जा सकता था? भेड़ों को इधर से लाने की क्या जरूरत? ये खेत को कुचलेंगी, चरेंगी। इसका डाँड़ कौन देगा? मालूम होता है, बुद्धू गड़ेरिया है। बचा को घमंड हो गया है; तभी तो खेतों के बीच से भेड़ें लिए चला आता है। जरा इसकी ढिठाई तो देखो। देख रहा है कि मैं खड़ा हूँ, फिर भी भेड़ों को लौटाता नहीं। कौन मेरे साथ कभी रिआयत की है कि मैं इसकी मुरौवत

करूँ? अभी एक भेड़ा मोल माँगूँ तो पाँच ही रुपए सुनावेगा। सारी दुनिया में चार रुपए के कंबल बिकते हैं, पर यह पाँच रुपए से नीचे की बात नहीं करता।

इतने में भेड़ें खेत के पास आ गईं। झींगुर ने ललकारकर कहा– अरे, ये भेड़ कहाँ लिए आते हो?

बुद्धू नम्र भाव से बोला–महतो, डाँड़ पर से निकल जाएँगी। घूमकर जाऊँगा तो कोस–भर का चक्कर पड़ेगा।

झींगुर– तो तुम्हारा चक्कर बचाने के लिए मैं अपने खेत क्यों कुचलवाऊँ? डाँड़ ही पर से ले जाना है, तो और खेतों के डाँड़ से क्यों नहीं ले गए? क्या मुझे कोई चूहड़–चमार समझ लिया है? या धन का घमंड हो गया है? लौटाओ इनको!

बुद्धू–महतो, आज निकल जाने दो। फिर कभी इधर से आऊँ तो जो सजा चाहे देना।

झींगुर–कह दिया कि लौटाओ इन्हें! अगर एक भेड़ भी मेड़ पर आई तो समझ लो, तुम्हारी ख़ैर नहीं।

बुद्धू–महतो, अगर तुम्हारी एक बेल भी किसी भेड़ के पैरों–तले आ जाए, तो मुझे बैठाकर सौ गालियाँ देना।

बुद्धू बातें तो बड़ी नम्रता से कर रहा था, किंतु लौटाने में अपनी हेठी समझता था। उसने मन में सोचा, इसी तरह जरा–जरा धमकियों पर भेड़ों को लौटाने लगा, तो फिर मैं भेड़ें चरा चुका। आज लौट जाऊँ, तो कल को कहीं निकलने का रास्ता ही न मिलेगा। सभी रोब जमाने लगेंगे।

बुद्धू भी पोढ़ा आदमी था। 12 कोड़ी भेड़ें थीं। उन्हें खेतों में बिठाने के लिए फी रात आठ आने कोड़ी मजदूरी मिलती थी, इसके उपरान्त दूध बेचता था; ऊन के कंबल बनाता था। सोचने लगा– इतने गर्म हो रहे हैं, मेरा कर ही क्या लेंगे? कुछ इनका दबैल तो हूँ नहीं। भेड़ों ने जो हरी–हरी पत्तियाँ देखीं, तो अधीर हो गईं। खेत में घुस पड़ीं। बुद्धू उन्हें डंडों से मार–मारकर खेत के किनारे हटाता था और वे इधर–उधर से निकलकर खेत में जा पड़ती थीं।

झींगुर ने आग होकर कहा–तुम मुझसे हेकड़ी जताने चले हो, तुम्हारी सारी हेकड़ी निकाल दूँगा!

बुद्धू–तुम्हें देखकर चौंकती हैं। तुम हट जाओ, तो मैं सबको निकाल ले जाऊँ।

झींगुर ने लड़के को तो गोद से उतार दिया और अपना डंडा सँभाल कर भेड़ों पर पिल पड़ा। धोबी भी इतनी निर्दयता से अपने गधे को न पीटता होगा। किसी भेड़ की टाँग टूटी, किसी की कमर टूटी। सबने बें-बें का शोर मचाना शुरू किया। बुद्धू चुपचाप खड़ा अपनी सेना का विध्वंस अपनी आँखों से देखता रहा। वह न भेड़ों को हाँकता था, न झींगुर से कुछ कहता था, बस खड़ा तमाशा देखता रहा। दो मिनट में झींगुर ने इस सेना को अपने अमानुषिक पराक्रम से मार भगाया। मेष–दल का संहार करके विजय–गर्व से बोला–अब सीधे चले जाओ! फिर इधर से आने का नाम न लेना।

बुद्धू ने आहत भेड़ों की ओर देखते हुए कहा- झींगुर, तुमने यह अच्छा काम नहीं किया। पछताओगे।

केले को काटना भी इतना आसान नहीं, जितना किसान से बदला लेना! उसकी सारी कमाई खेतों में रहती है, या खलिहानों में। कितनी ही दैविक और भौतिक आपदाओं के बाद कहीं अनाज घर में आता है। और जो कहीं इन आपदाओं के साथ विद्रोह ने भी संधि कर ली तो बेचारा किसान कहीं का नहीं रहता। झींगुर ने घर आकर दूसरों से इस संग्राम का वृत्तांत कहा, तो लोग समझाने लगे– झींगुर, तुमने बड़ा अनर्थ किया। जानकर अनजान बनते हो। बुद्धू को जानते नहीं, कितना झगड़ालू आदमी है। अब भी कुछ नहीं बिगड़ा। जाकर उसे मना लो। नहीं तो तुम्हारे साथ सारे गाँव पर आफत आ जाएगी। झींगुर की समझ में बात आई। पछताने लगा कि मैंने कहाँ–से–कहाँ उसे रोका। अगर भेड़ें थोड़ा–बहुत चर ही जातीं, तो कौन मैं उजड़ा जाता था। वास्तव में हम किसानों का कल्याण दबे रहने में ही है। ईश्वर को भी हमारा सिर उठाकर चलना अच्छा नहीं लगता। जी तो बुद्धू के घर जाने को न चाहता था, किंतु दूसरों के

आग्रह से मजबूर होकर चला। अगहन का महीना था, कुहरा पड़ रहा था, चारों ओर अँधकार छाया हुआ था। गाँव से बाहर निकला ही था कि सहसा अपने ऊख के खेत की ओर अग्नि की ज्वाला देखकर चौंक पड़ा। छाती धड़कने लगी। खेत में आग लगी हुई थी। बेतहाशा दौड़ा। मनाता जाता था कि मेरे खेत में न हो। पर ज्यों-ज्यों समीप पहुँचता था, यह आशामय भ्रम शांत होता जाता था। वह अनर्थ हो ही गया, जिसके निवारण के लिए वह घर से चला था। हत्यारे ने आग लगा ही दी, और मेरे पीछे सारे गाँव को चौपट किया। उसे ऐसा जान पड़ता था कि वह खेत आज बहुत समीप आ गया है, मानो बीच के परती खेतों का अस्तित्व ही नहीं रहा! अंत में जब वह खेत पर पहुँचा, तो आग प्रचंड रूप धारण कर चुकी थी। झींगुर ने श्हाय-हायश मचाना शुरू किया। गाँव के लोग दौड़ पड़े और खेतों से अरहर के पौधे उखाड़कर आग को पीटने लगे। अग्नि-मानव-संग्राम का भीषण दृश्य उपस्थित हो गया। एक पहर तक हाहाकार मचा रहा। कभी एक प्रबल होता था, कभी दूसरा। अग्नि-पक्ष के योद्धा मर-मरकर जी उठते थे और द्विगुण शक्ति से, रणोन्मत्त होकर शस्त्रग-प्रहार करने लगते थे। मानव-पक्ष में जिस योद्धा की कीर्ति सबसे उज्ज्वल थी, वह बुद्धू था। बुद्धू कमर तक धोती चढ़ाए, प्राण हथेली पर लिए, अग्निराशि में कूद पड़ता था, और शत्रुओं को परास्त करके, बाल-बाल बचकर, निकल आता था। अंत में मानव-दल की विजय हुई; किंतु ऐसी विजय जिस पर हार भी हँसती। गाँव-भर की ऊख जलकर भस्म हो गई, और ऊख के साथ सारी अभिलाषाएँ भी भस्म हो गईं।

आग किसने लगाई यह खुला हुआ भेद था; पर किसी को कहने का साहस न था। कोई सबूत नहीं। प्रमाणहीन तर्क का मूल्य ही क्या? झींगुर को घर से निकलना मुश्किल हो गया। जिधर जाता, ताने सुनने पड़ते। लोग प्रत्यक्ष कहते थे- यह आग तुमने लगवाई। तुम्हीं ने हमारा सर्वनाश किया। तुम्हीं मारे घमंड के धरती पर पैर न रखते थे। आप-के-आप गए, अपने साथ गाँव-भर को डुबो दिया। बुद्धू को न छेड़ते तो आज क्यों यह दिन देखना पड़ता? झींगुर

को अपनी बरबादी का इतना दुःख न था, जितना इन जली-कटी बातों का? दिन-भर घर में बैठा रहता। पूस का महीना आया। जहाँ सारी रात कोल्हू चला करते थे, गुड़ की सुगंध उड़ती रहती थी, भट्ठियाँ जलती रहती थीं और लोग भट्ठियों के सामने बैठे हुक्का पिया करते थे, वहाँ सन्नाटा छाया हुआ था। ठंड के मारे लोग साँझ ही से किवाड़ें बंद करके पड़ रहते और झींगुर को कोसते। माघ और भी कष्टदायक था। ऊख केवल धनदाता ही नहीं, किसानों का जीवनदाता भी है। उसी के सहारे किसानों का जाड़ा कटता है। गर्म रस पीते हैं, ऊख की पत्तियाँ तापते हैं, उसके अगोड़े पशुओं को खिलाते हैं। गाँव के सारे कुत्ते जो रात को भट्ठियों की राख में सोया करते थे ठंड से मर गए। कितने ही जानवर चारे के अभाव से चल बसे। शीत का प्रकोप हुआ और सारा गाँव खाँसी-बुखार में ग्रस्त हो गया। और यह सारी विपत्ति झींगुर की करनी थी- अभागे, हत्यारे झींगुर की!

झींगुर ने सोचते-सोचते निश्चय किया कि बुद्धू की दशा भी अपनी ही सी बनाऊँगा। उसके कारण मेरा सर्वनाश हो गया और चौन की बंशी बजा रहा है! मैं भी उसका सर्वनाश करूँगा।

जिस दिन इस घातक कलह का बीजारोपण हुआ, उसी दिन से बुद्धू ने इधर आना छोड़ दिया था। झींगुर ने उससे रब्त-जब्त बढ़ाना शुरू किया। वह बुद्धू को दिखाना चाहता था कि तुम्हारे ऊपर मुझे बिलकुल संदेह नहीं है। एक दिन कंबल लेने के बहाने गया। फिर दूध लेने के बहाने गया। बुद्धू उसका ख़ूब आदर-सत्कार करता। चिलम तो आदमी दुश्मन को भी पिला देता है, वह उसे बिना दूध और शरबत पिलाए न आने देता। झींगुर आजकल एक सन लपेटने वाली कल में मजदूरी करने जाया करता था। बहुधा कई-कई दिनों की मजदूरी इकट्ठी मिलती थी। बुद्धू ही की तत्परता से झींगुर का रोजाना ख़र्च चलता था। अतएव झींगुर ने ख़ूब रब्त-जब्त बढ़ा लिया। एक दिन बुद्धू ने पूछा- क्यों झींगुर, अगर अपनी ऊख जलाने वाले को पा जाओ, तो क्या करो? सच कहना।

झींगुर ने गंभीर भाव से कहा–मैं उससे कहूँ, भैया तुमने जो कुछ किया, बहुत अच्छा किया। मेरा घमंड तोड़ दिया; मुझे आदमी बना दिया।

बूद्धू–मैं जो तुम्हारी जगह होता, तो बिना उसका घर जलाए न मानता।

झींगुर–चार दिन की जिंदगानी में बैर–बिरोध बढ़ाने से क्या फायदा है? मैं तो बरबाद हुआ ही, अब उसे बरबाद करके क्या पाऊँगा?

बुद्धू–बस, यही आदमी का धर्म है। पर भाई क्रोध के बस में होकर बुद्धि उलटी हो जाती है।

फागुन का महीना था। किसान ऊख बोने के लिए खेतों को तैयार कर रहे थे। बुद्धू का बाजार गर्म था। भेड़ों की लूट मची हुई थी। दो–चार आदमी नित्य द्वार पर खड़े खुशामदें किया करते। बुद्धू किसी से सीधे मुँह बात न करता। भेड़ रखने की फीस दूनी कर दी थी। अगर कोई एतिराज करता तो बेलाग कहता– तो भैया, भेड़ें तुम्हारे गले तो नहीं लगाता हूँ। जी न चाहे, मत रखो। लेकिन मैंने जो कह दिया है, उससे एक कौड़ी भी कम नहीं हो सकती! गरज थी, लोग इस रुखाई पर भी उसे घेरे ही रहते थे, मानो पंडे किसी यात्री के पीछे हों।

लक्ष्मी का आकार तो बहुत बड़ा नहीं, और वह भी समयानुसार छोटा–बड़ा होता रहता है। यहाँ तक कि कभी वह अपना विराट आकार समेट कर उसे कागज के चंद अक्षरों में छिपा लेती है। कभी–कभी मनुष्य की जिह्वा पर जा बैठती है; आकार का लोप हो जाता है। किंतु उनके रहने को बहुत स्थान की जरूरत होती है। वह आई, और घर बढ़ने लगा। छोटे घर में उनसे नहीं रहा जाता। बुद्धू का घर भी बढ़ने लगा। द्वार पर बरामदा डाला गया, दो की जगह छः कोठरियाँ बनवाई गईं। यूँ कहिए कि मकान नए सिरे से बनने लगा। किसी किसान से लकड़ी माँगी, किसी से खपरों का आँवा लगाने के लिए उपले, किसी से बाँस और किसी से सरकंडे।

दीवार की उठवाई देनी पड़ी। वह भी नकद नहीं; भेड़ों के बच्चों के रूप में। लक्ष्मी का यह प्रताप है। सारा काम बेगार में हो गया। मुफ्त में अच्छा-ख़ासा घर तैयार हो गया। गृह-प्रवेश के उत्सव की तैयारियाँ होने लगीं।

इधर झींगुर दिन-भर मजदूरी करता, तो कहीं आधा पेट अन्न मिलता। बुद्धू के घर कंचन बरस रहा था। झींगुर जलता था, तो क्या बुरा करता था! यह अन्याय किससे सहा जाएगा?

एक दिन वह टहलता हुआ चमारों के टोले की तरफ चला गया। हरिहर को पुकारा। हरिहर ने आकर श्राम-रामश की, और चिलम भरी। दोनों पीने लगे। यह चमारों का मुखिया बड़ा दुष्ट आदमी था। सब किसान इससे थर-थर काँपते थे।

झींगुर ने चिलम पीते-पीते कहा- आजकल फाग-वाग नहीं होता क्या? सुनाई नहीं देता।

हरिहर-फाग क्या हो, पेट के धंधे से छुट्टी ही नहीं मिलती। कहो, तुम्हारी आजकल कैसी निभती है?

झींगुर-क्या निभती है। नकटा जिया बुरे हवाल! दिन-भर कल में मजदूरी करते हैं, तो चूल्हा जलता है। चाँदी तो आजकल बुद्धू की है। रखने को ठौर नहीं मिलता। नया घर बना, भेड़ें और ली हैं! अब गृहपरबेस की धूम है। सातों गाँव में सुपारी जाएगी!

हरिहर-लच्छिमी मैया आती है, तो आदमी की आँखों में सील आ जाता है। पर उसको देखो, धरती पर पैर नहीं रखता। बोलता है, तो ऐंठ ही कर बोलता है।

झींगुर- क्यों न ऐंठे, इस गाँव में कौन है उसकी टक्कर का! पर यार, यह अनीति तो नहीं देखी जाती। भगवान दे, तो सिर झुकाकर चलना चाहिए। यह नहीं कि अपने बराबर किसी को समझे ही नहीं। उसकी डींग सुनता हूँ, तो बदन में आग लग जाती है। कल का बानी आज का सेठ। चला है हमीं से अकड़ने। अभी कल लँगोटी लगाए खेतों में कौए हँकाया करता था, आज उसका आसमान में दिया जलता है।

हरिहर– कहो, तो कुछ उतजोग करूँ?

झींगुर– क्या करोगे! इसी डर से तो वह गाय–भैंस नहीं पालता।

हरिहर– भेड़ें तो हैं।

झींगुर– क्या, बगुला मारे पखना हाथ।

हरिहर– फिर तुम्हीं सोचो।

झींगुर– ऐसी जुगुत निकालो कि फिर पनपने न पावे।

इसके बाद फुस–फुस करके बातें होने लगीं। वह एक रहस्य है कि भलाइयों में जितना द्वेष होता है, बुराइयों में उतना ही प्रेम। विद्वान् विद्वान् को देखकर, साधु साधु को देखकर और कवि कवि को देखकर जलता है। एक दूसरे की सूरत नहीं देखना चाहता। पर जुआरी जुआरी को देखकर, शराबी शराबी को देखकर, चोर चोर को देखकर सहानुभूति दिखाता है, सहायता करता है। एक पंडितजी अगर अँधेरे में ठोकर खाकर गिर पड़ें, तो दूसरे पंडितजी उन्हें उठाने के बदले दो ठोकरें और लगाएँगे कि वह फिर उठ ही न सकें। पर एक चोर पर आफत आई देख दूसरा चोर उसकी मदद करता है। बुराई से सब घृणा करते हैं, इसलिए बुरों में परस्पर प्रेम होता है। भलाई की सारा संसार प्रशंसा करता है, इसलिए भलों से विरोध होता है। चोर को मारकर चोर क्या पाएगा? घृणा। विद्वान् का अपमान करके विद्वान् क्या पाएगा? यश।

झींगुर और हरिहर ने सलाह कर ली। षड्यंत्र रचने की विधि सोची गई। उसका स्वरूप, समय और क्रम ठीक किया गया। झींगुर चला, तो अकड़ा जाता था। मार लिया दुश्मन को, अब कहाँ जाता है!

दूसरे दिन झींगुर काम पर जाने लगा, तो पहले बुद्धू के घर पहुँचा। बुद्धू ने पूछा–क्यों, आज नहीं गए क्या?

झींगुर– जा तो रहा हूँ। तुमसे यही कहने आया था कि मेरी बछिया को अपनी भेड़ों के साथ क्यों नहीं चरा दिया करते। बेचारी खूँटे से बँधी–बँधी मरी जाती है। न घास, न चारा, क्या खिलाएँ?

बुद्धू–भैया, मैं गाय–भैंस नहीं रखता। चमारों को जानते हो, एक ही हत्यारे होते हैं। इसी हरिहर ने मेरी दो गउएँ मार डालीं। न जाने क्या खिला देता है। तब से कान पकड़े कि अब गाय–भैंस न पालूँगा। लेकिन तुम्हारी एक ही बछिया है, उसका कोई क्या करेगा। जब चाहो, पहुँचा दो।

यह कहकर बुद्धू अपने गृहोत्सव का सामान उसे दिखाने लगा। घी, शक्कर, मैदा, तरकारी सब मँगा रखा था। केवल सत्यनारायण की कथा की देर थी। झींगुर की आँखें खुल गईं। ऐसी तैयारी न उसने स्वयं कभी की थी और न किसी को करते देखी थी। मजदूरी करके घर लौटा, तो सबसे पहला काम जो उसने किया वह अपनी बछिया को बुद्धू के घर पहुँचाना था। उसी रात को बुद्धू के यहाँ सत्यनारायण की कथा हुई। ब्रह्मभोज भी किया गया। सारी रात विप्रों का आगत–स्वागत करते गुजरी। भेड़ों के झुंड में जाने का अवकाश ही न मिला। प्रातःकाल भोजन करके उठा ही था (क्योंकि रात का भोजन सबेरे मिला) कि एक आदमी ने आकर ख़बर दी–बुद्धू, तुम यहाँ बैठे हो, उधर भेड़ों में बछिया मरी पड़ी है! भले आदमी, उसकी पगहिया भी नहीं खोली थी!

बुद्धू ने सुना, और मानो ठोकर लग गई। झींगुर भी भोजन करके वहीं बैठा था। बोला– हाय–हाय, मेरी बछिया! चलो, जरा देखूँ तो। मैंने तो पगहिया नहीं लगाई थी। उसे भेड़ों में पहुँचाकर अपने घर चला गया। तुमने यह पगहिया कब लगा दी?

बुद्धू–भगवान जाने जो मैंने उसकी पगहिया देखी भी हो। मैं तो तब से भेड़ों में गया ही नहीं।

झींगुर–जाते न तो पगहिया कौन लगा देता? गए होगे, याद न आती होगी।

एक ब्राह्मण–मरी तो भेड़ों में ही न? दुनिया तो यही कहेगी कि बुद्धू की असावधानी से उसकी मृत्यु हुई, पगहिया किसी की हो।

हरिहर–मैंने कल साँझ को इन्हें भेड़ों में बछिया को बाँधते देखा था।

बुद्धू- मुझे?

हरिहर-तुम नहीं लाठी कंधे पर रखे बछिया को बाँध रहे थे?

बुद्धू-बड़ा सच्चा है तू! तूने मुझे बछिया को बाँधते देखा था?

हरिहर-तो मुझ पर काहे बिगड़ते हो भाई? तुमने नहीं बाँधी, नहीं सही।

ब्राह्मण-इसका निश्चय करना होगा। गोहत्या का प्रायश्चित्त करना पड़ेगा। कुछ हँसी ठट्ठा है।

झींगुर-महाराज, कुछ जान-बूझकर तो बाँधी नहीं।

ब्राह्मण-इससे क्या होता है? हत्या इसी तरह लगती है; कोई गऊ को मारने नहीं जाता।

झींगुर- हाँ, गऊओं को खोलना-बाँधना है तो जोखिम का काम।

ब्राह्मण- शास्त्रों में इसे महापाप कहा है। गऊ की हत्या ब्राह्मण की हत्या से कम नहीं।

झींगुर-हाँ, फिर गऊ तो ठहरी ही। इसी से न इनका मान होता है। जो माता, सो गऊ। लेकिन महाराज, चूक हो गई। कुछ ऐसा कीजिए कि थोड़े में बेचारा निपट जाए?

बुद्धू खड़ा सुन रहा था कि अनायास मेरे सिर हत्या मढ़ी जा रही है। झींगुर की कूटनीति भी समझ रहा था। मैं लाख कहूँ, मैंने बछिया नहीं बाँधी, मानेगा कौन? लोग यही कहेंगे कि प्रायश्चित्त से बचने के लिए ऐसा कह रहा है।

ब्राह्मण देवता का भी उसका प्रायश्चित्त कराने में कल्याण होता था। भला ऐसे अवसर पर कब चूकने वाले थे। फल यह हुआ कि बुद्धू को हत्या लग गई। ब्राह्मण भी उससे जले हुए थे। कसर निकालने की घात मिली। तीन मास का भिक्षा दंड दिया, फिर सात तीर्थस्थानों की यात्रा; उस पर 500 विप्रों का भोजन और ५ गउओं का दान। बुद्धू ने सुना, तो बधिया बैठ गई। रोने लगा, तो दंड घटाकर दो मास कर दिया। इसके सिवा कोई रिआयत नहीं हो सकी। न कहीं अपील, न कहीं फरियाद! बेचारे को यह दंड स्वीकार करना पड़ा।

बुद्धू ने भेड़ें ईश्वर को सौंपी। लड़के छोटे थे। स्त्री अकेली क्या-क्या करती। गरीब जाकर द्वारों पर खड़ा होता और मुँह छिपाए हुए कहता- गाय की बाछी दिया बनवास। भिक्षा तो मिल जाती, किंतु भिक्षा के साथ दो-चार कठोर अपमानजनक शब्द भी सुनने पड़ते। दिन को जो-कुछ पाता, वही शाम को किसी पेड़ के नीचे बनाकर खा लेता और वहीं पड़े रहता। कष्ट की तो उसे परवा न थी, भेड़ों के साथ दिन-भर चलता ही था, पेड़ के नीचे सोता ही था, भोजन भी इससे कुछ ही अच्छा मिलता था पर लज्जा थी भिक्षा माँगने की। विशेष करके जब कोई कर्कशा यह व्यंग्य कर देती थी कि रोटी कमाने का अच्छा ढंग निकाला है, तो उसे हार्दिक वेदना होती थी। पर करे क्या?

दो महीने के बाद वह घर लौटा। बाल बढ़े हुए थे। दुर्बल इतना, मानो ६० वर्ष का बूढ़ा हो। तीर्थयात्रा के लिए रुपयों का प्रबंध करना था, गडरियों को कौन महाजन क़र्ज दे! भेड़ों का भरोसा क्या? कभी-कभी रोग फैलता है, तो रात भर में दल-का-दल साफ हो जाता है। उस पर जेठ का महीना, जब भेड़ों से कोई आमदनी होने की आशा नहीं। एक तेली राजी भी हुआ, तो दो रुपए ब्याज पर। आठ महीने में ब्याज मूल के बराबर हो जाएगा। यहाँ क़र्ज लेने की हिम्मत न पड़ी। इधर दो महीनों में कितनी ही भेड़ें चोरी चली गई थीं। लड़के चराने ले जाते थे। दूसरे गाँव वाले चुपके से एक-दो भेड़ें किसी खेत या घर में छिपा देते और पीछे मारकर खा जाते। लड़के बेचारे एक तो पकड़ न सकते, और जो देख भी लेते तो लड़ें क्योंकर। सारा गाँव एक हो जाता। एक महीने में तो भेड़ें आधी भी न रहेंगी। बड़ी विकट समस्या थी। विवश होकर बुद्धू ने एक बूचड़ को बुलाया और सब भेड़ें उसके हाथ बेच डालीं। ५०० रुपए हाथ लगे। उसमें से २०० रुपए लेकर तीर्थयात्रा करने गया। शेष रुपए ब्रह्मभोज आदि के लिए छोड़ गया।

बुद्धू के जाने पर उसके घर में दो बार सेंध लगी। पर यह कुशल हुई कि जगहट हो जाने के कारण रुपए बच गए।

सावन का महीना था। चारों ओर हरियाली छाई हुई थी। झींगुर के बैल न थे। खेत बटाई पर दे दिए थे। बुद्धू प्रायश्चित्त से निवृत्त हो गया था और उसके साथ ही माया के फंदे से भी। न झींगुर के पास कुछ था, न बुद्धू के पास। कौन किससे जलता और किस लिए जलता?

सन की कल बंद हो जाने के कारण झींगुर अब बेलदारी का काम करता था। शहर में एक विशाल धर्मशाला बन रही थी। हजारों मजदूर काम करते थे। झींगुर भी उन्हीं में था। सातवें दिन मजदूरी के पैसे लेकर घर आता था और रात-भर रहकर सबेरे फिर चला जाता था।

बुद्धू भी मजदूरी की टोह में यहीं पहुँचा। जमादार ने देखा दुर्बल आदमी है, कठिन काम तो इससे हो न सकेगा, कारीगरों को गारा देने के लिए रख लिया। बुद्धू सिर पर तसला रखे गारा लेने गया, तो झींगुर को देखा। 'राम-राम' हुई, झींगुर ने गारा भर दिया, बुद्धू उठा लाया। दिन-भर दोनों चुपचाप अपना-अपना काम करते रहे।

संध्या समय झींगुर ने पूछा- कुछ बनाओगे न?

बुद्धू-नहीं तो खाऊँगा क्या?

झींगुर-मैं तो एक जून चबैना कर लेता हूँ। इस जून सत्तू पर काट देता हूँ। कौन झंझट करे।

बुद्धू-इधर-उधर लकड़ियाँ पड़ी हुई हैं बटोर लाओ आटा मैं घर से लेता आया हूँ। घर ही पिसवा लिया था। यहाँ तो बड़ा महँगा मिलता है। इसी पत्थर की चट्टान पर आटा गूँधे लेता हूँ। तुम तो मेरा बनाया खाओगे नहीं, इसलिए तुम्हीं रोटियाँ सेंको, मैं बना दूँगा।

झींगुर-तवा भी तो नहीं है?

बुद्धू-तवे बहुत हैं। यही गारे का तसला माँजे लेता हूँ।

आग जली, आटा गूँधा गया। झींगुर ने कच्ची-पक्की रोटियाँ बनाईं। बुद्धू पानी लाया। दोनों ने लाल मिर्च और नमक से रोटियाँ

खाई। फिर चिलम भरी गई। दोनों आदमी पत्थर की सिलों पर लेटे, और चिलम पीने लगे।

बुद्धू ने कहा- तुम्हारी ऊख में आग मैंने लगाई थी।

झींगुर ने विनोद के भाव से कहा-जानता हूँ।

थोड़ी देर बाद झींगुर बोला-बछिया मैंने ही बाँधी थी और हरिहर ने उसे कुछ खिला दिया था।

बुद्धू ने भी वैसे ही भाव से कहा-जानता हूँ।

फिर दोनों सो गए।

सवा सेर गेहूँ

किसी गाँव में शंकर नाम का एक कुरमी किसान रहता था। सीधा-सादा गरीब आदमी था, अपने काम-से-काम, न किसी के लेने में, न किसी के देने में। छक्का-पंजा न जानता था, छल-प्रपंच की उसे छूत भी न लगी थी, ठगे जाने की चिन्ता न थी, ठगविद्या न जानता था, भोजन मिला, खा लिया, न मिला, चबेने पर काट दी, चबैना भी न मिला, तो पानी पी लिया और राम का नाम लेकर सो रहा। किन्तु जब कोई अतिथि द्वार पर आ जाता था तो उसे इस निवृत्तिमार्ग का त्याग करना पड़ता था। विशेषकर जब साधु-महात्मा पदार्पण करते थे, तो उसे अनिवार्यतः सांसारिकता की शरण लेनी पड़ती थी। खुद भूखा सो सकता था, पर साधु को कैसे भूखा सुलाता, भगवान् के भक्त जो ठहरे!

एक दिन संध्या समय एक महात्मा ने आकर उसके द्वार पर डेरा जमाया। तेजस्वी मूर्ति थी, पीताम्बर गले में, जटा सिर पर, पीतल का कमंडल हाथ में, खड़ाऊँ पैर में, ऐनक आँखों पर, सम्पूर्ण वेष उन महात्माओं का-सा था जो रईसों के प्रासादों में तपस्या, हवागाड़ियों पर देवस्थानों की परिक्रमा और योग-सिध्दि प्राप्त करने के लिए रुचिकर भोजन करते हैं। घर में जौ का आटा था, वह उन्हें कैसे खिलाता। प्राचीनकाल में जौ का चाहे जो कुछ महत्त्व रहा हो, पर वर्तमान युग में जौ का भोजन सिद्ध पुरुषों के लिए दुष्पाच्य होता है। बड़ी चिन्ता हुई, महात्माजी को क्या खिलाऊँ। आखिर निश्चय किया कि कहीं से गेहूँ का आटा

उधार लाऊँ, पर गाँव-भर में गेहूँ का आटा न मिला। गाँव में सब मनुष्य-ही-मनुष्य थे, देवता एक भी न था, अतएव देवताओं का खाद्य पदार्थ कैसे मिलता। सौभाग्य से गाँव के विप्र महाराज के यहाँ से थोड़ा-सा मिल गए। उनसे सवा सेर गेहूँ उधार लिया और स्त्री से कहा, कि पीस दे। महात्मा ने भोजन किया, लम्बी तानकर सोये। प्रातःकाल आशीर्वाद देकर अपनी राह ली।

विप्र महाराज साल में दो बार खलिहानी लिया करते थे। शंकर ने दिल में कहा, सवा सेर गेहूँ इन्हें क्या लौटाऊँ, पंसेरी बदले कुछ ज्यादा खलिहानी दे दूँगा, यह भी समझ जायँगे, मैं भी समझ जाऊँगा। चौत में जब विप्रजी

पहुँचे तो उन्हें डेढ़ पंसेरी के लगभग गेहूँ दे दिया और अपने को उऋण समझकर उसकी कोई चरचा न की। विप्रजी ने फिर कभी न माँगा। सरल शंकर को क्या मालूम था कि यह सवा सेर गेहूँ चुकाने के लिए मुझे दूसरा जन्म लेना पड़ेगा।

सात साल गुजर गये। विप्रजी विप्र से महाजन हुए, शंकर किसान से मजूर हो गया। उसका छोटा भाई मंगल उससे अलग हो गया था। एक साथ रहकर दोनों किसान थे, अलग होकर मजूर हो गये थे। शंकर ने चाहा कि द्वेष की आग भड़कने न पाये, किन्तु परिस्थिति ने उसे विवश कर दिया। जिस दिन अलग-अलग चूल्हे जले, वह फूट-फूटकर रोया। आज से भाई-भाई शत्रु हो जाएँगे, एक रोयेगा, दूसरा हँसेगा, एक के घर मातम होगा तो दूसरे के घर गुलगुले पकेंगे, प्रेम का बंधन, खून का बंधन, दूध का बंधन आज टूटा जाता है। उसने भगीरथ परिश्रम से कुल-मर्यादा का वृक्ष लगाया था, उसे अपने रक्त से सींचा था, उसको जड़ से उखड़ता देखकर उसके हृदय के टुकड़े हुए जाते थे। सात दिनों तक उसने दाने की सूरत तक न देखी। दिन-भर जेठ की धूप में काम करता और रात को मुँह लपेटकर सो रहता। इस भीषण वेदना और दुस्सह कष्ट ने रक्त को जला दिया, मांस और मज्जा को घुला दिया। बीमार पड़ा तो महीनों खाट से न उठा। अब गुजर-बसर कैसे हो?

पाँच बीघे के आधे रह गये, एक बैल रह गया, खेती क्या खाक होती! अन्त को यहाँ तक नौबत पहुँची कि खेती केवल मर्यादा-रक्षा का साधन-मात्र रह गयी, जीविका का भार मजूरी पर आ पड़ा। सात वर्ष बीत गये, एक दिन शंकर मजूरी करके लौटा, तो राह में विप्रजी ने टोककर कहा, 'शंकर, कल आकर के अपने बीज-बेंग का हिसाब कर ले। तेरे यहाँ साढ़े पाँच मन गेहूँ कबके बाकी पड़े हुए हैं और तू देने का नाम नहीं लेता, हजम करने का मन है क्या?'

'शंकर ने चकित होकर कहा, मैंने तुमसे कब गेहूँ लिए थे जो साढ़े पाँच मन हो गये? तुम भूलते हो, मेरे यहाँ किसी का छटाँक-भर न अनाज है, न एक पैसा उधार।'

विप्र -'इसी नीयत का तो यह फल भोग रहे हो कि खाने को नहीं जुड़ता।'

यह कहकर विप्रजी ने उस सवा सेर गेहूँ का जिक्र किया, जो आज के सात वर्ष पहले शंकर को दिये थे। शंकर सुनकर अवाक् रह गया। ईश्वर मैंने इन्हें कितनी बार खलिहानी दी, इन्होंने मेरा कौन-सा काम किया? जब

पोथी-पत्र देखने, साइत-सगुन विचारने द्वार पर आते थे, कुछ-न-कुछ 'दक्षिणा' ले ही जाते थे। इतना स्वार्थ ! सवा सेर अनाज को अंडे की भाँति सेकर आज यह पिशाच खड़ा कर दिया, जो मुझे निगल जायगा। इतने दिनों में एक बार भी कह देते तो मैं गेहूँ तौलकर दे देता, क्या इसी नीयत से चुप साध बैठे रहे ? बोला, 'महाराज, नाम लेकर तो मैंने उतना अनाज नहीं दिया, पर कई बार खलिहानों में सेर-सेर, दो-दो सेर दिया है। अब आप आज साढ़े पाँच मन माँगते हैं, मैं कहाँ से दूँगा?'

विप्र -'लेखा जौ-जौ, बखसीस सौ-सौ, तुमने जो कुछ दिया होगा, उसका कोई हिसाब नहीं, चाहे एक की जगह चार पसेरी दे दो। तुम्हारे नाम बही में साढ़े पाँच मन लिखा हुआ है; जिससे चाहे हिसाब लगवा लो। दे दो तो तुम्हारा नाम छेक दूँ, नहीं तो और भी बढ़ता रहेगा।'

शंकर–'पाँडे, क्यों एक गरीब को सताते हो, मेरे खाने का ठिकाना नहीं, इतना गेहूँ किसके घर से लाऊँगा?'

विप्र–'जिसके घर से चाहे लाओ, मैं छटाँक–भर भी न छोड़ूँगा, यहाँ न दोगे, भगवान् के घर तो दोगे।'

शंकर काँप उठा। हम पढ़े–लिखे आदमी होते तो कह देते, 'अच्छी बात है, ईश्वर के घर ही देंगे; वहाँ की तौल यहाँ से कुछ बड़ी तो न होगी। कम–से–कम इसका कोई प्रमाण हमारे पास नहीं, फिर उसकी क्या चिन्ता। किन्तु शंकर इतना तार्किक, इतना व्यवहार–चतुर न था। एक तो ऋण वह भी ब्राह्मण का बही में नाम रह गया तो सीधे नरक में जाऊँगा, इस खयाल ही से उसे रोमांच हो गया। बोला, 'महाराज, तुम्हारा जितना होगा यहीं दूँगा, ईश्वर के यहाँ क्यों दूँ, इस जनम में तो ठोकर खा ही रहा हूँ, उस जनम के लिए क्यों काँटे बोऊँ? मगर यह कोई नियाव नहीं है। तुमने राई का पर्वत बना दिया, ब्राह्मण हो के तुम्हें ऐसा नहीं करना चाहिए था। उसी घड़ी तगादा करके ले लिया होता, तो आज मेरे सिर पर इतना बड़ा बोझ क्यों पड़ता। मैं तो दे दूँगा, लेकिन तुम्हें भगवान् के यहाँ जवाब देना पड़ेगा।'

विप्र–'वहाँ का डर तुम्हें होगा, मुझे क्यों होने लगा। वहाँ तो सब अपने ही भाई–बन्धु हैं। ऋषि–मुनि, सब तो ब्राह्मण ही हैं; देवता ब्राह्मण हैं, जो कुछ बने–बिगड़ेगी, सँभाल लेंगे। तो कब देते हो?'

शंकर–'मेरे पास रक्खा तो है नहीं, किसी से माँग–जॉचकर लाऊँगा तभी न दूँगा!'

विप्र–'मैं यह न मानूँगा। सात साल हो गये, अब एक दिन का भी मुलाहिजा न करूँगा। गेहूँ नहीं दे सकते, तो दस्तावेज लिख दो।'

शंकर–'मुझे तो देना है, चाहे गेहूँ लो चाहे दस्तावेज लिखाओ; किस हिसाब से दाम रक्खोगे?'

विप्र–'बाजार–भाव पाँच सेर का है, तुम्हें सवा पाँच सेर का काट दूँगा।'

शंकर–'जब दे ही रहा हूँ तो बाजार–भाव काटूँगा, पाव–भर छुड़ाकर क्यों दोषी बनूँ।'

हिसाब लगाया तो गेहूँ के दाम 60) हुए। 60) का दस्तावेज लिखा गया, 3) सैकड़े सूद। साल–भर में न देने पर सूद की दर ढाई रुपये) सैकड़े। आठ आने) का स्टाम्प, चार आने) दस्तावेज की तहरीर शंकर को ऊपर से देनी पड़ी।

गाँव भर ने विप्रजी की निन्दा की, लेकिन मुँह पर नहीं। महाजन से सभी का काम पड़ता है, उसके मुँह कौन आये। शंकर ने साल भर तक कठिन तपस्या की। मीयाद के पहले रुपये अदा करने का उसने व्रत–सा कर लिया। दोपहर को पहले भी चूल्हा न जलता था, चबैने पर बसर होती थी, अब वह भी बंद हुआ। केवल लड़के के लिए रात को रोटियाँ रख दी जातीं! पैसे रोज का तंबाकू पी जाता था, यही एक व्यसन था जिसका वह कभी न त्याग कर सका था। अब वह व्यसन भी इस कठिन व्रत की भेंट हो गया। उसने चिलम पटक दी, हुक्का तोड़ दिया और तमाखू की हाँड़ी चूर–चूर कर डाली। कपड़े पहले भी त्याग की चरम सीमा तक पहुँच चुके थे, अब वह प्रकृति की न्यूनतम रेखाओं में आबद्ध हो गये। शिशिर की अस्थिबेधक शीत को उसने आग तापकर काट दिया। इस संकल्प का फल आशा से बढ़कर निकला। साल के अन्त में उसके पास 60) रु. जमा हो गये। उसने समझा पंडितजी को इतने रुपये दे दूँगा और कहूँगा महाराज, बाकी रुपये भी जल्द ही आपके सामने हाजिर करूँगा। 15) रु. की तो और बात है, क्या पंडितजी इतना भी न मानेंगे! उसने रुपये लिये और ले जाकर पंडितजी के चरण–कमलों पर अर्पण कर दिये। पंडितजी ने विस्मित होकर।

पूछा, 'किसी से उधार लिये क्या?'

शंकर–'नहीं महाराज, 'आपके असीस से अबकी मजूरी अच्छी मिली।'

विप्र–'लेकिन यह तो 60) रु. ही हैं!'

शंकर–'हाँ महाराज, इतने अभी ले लीजिए, बाकी मैं दो–तीन महीने में दे दूँगा, मुझे उरिन कर दीजिए।'

विप्र–'उरिन तो जभी होगे जबकि मेरी कौड़ी-कौड़ी चुका दोगे। जाकर मेरे 15) रु. और लाओ'

शंकर–'महाराज, इतनी दया करो; अब साँझ की रोटियों का भी ठिकाना नहीं है, गाँव में हूँ तो कभी-न-कभी दे ही दूँगा।'

विप्र–'मैं यह रोग नहीं पालता, न बहुत बातें करना जानता हूँ। अगर मेरे पूरे रुपये न मिलेंगे तो आज से 3) रु. सैकड़े का ब्याज लगेगा। अपने रुपये चाहे अपने घर में रक्खो, चाहे मेरे यहाँ छोड़ जाओ।'

शंकर–'अच्छा जितना लाया हूँ उतना रख लीजिए। मैं जाता हूँ, कहीं से 15) रु. और लाने की फिक्र करता हूँ।'

शंकर ने सारा गाँव छान मारा, मगर किसी ने रुपये न दिये, इसलिए नहीं कि उसका विश्वास न था, या किसी के पास रुपये न थे, बल्कि इसलिए कि पंडितजी के शिकार को छेड़ने की किसी की हिम्मत न थी।

क्रिया के पश्चात् प्रतिक्रिया नैसर्गिक नियम है। शंकर साल-भर तक तपस्या करने पर भी जब ऋण से मुक्त होने में सफल न हो सका तो उसका संयम निराशा के रूप में परिणत हो गया। उसने समझ लिया कि जब इतना कष्ट सहने पर भी साल-भर में 60) रु. से अधिक न जमा कर सका, तो अब और कौन सा उपाय है जिसके द्वारा इसके दूने रुपये जमा हों। जब सिर पर ऋण का बोझ ही लादना है तो क्या मन-भर का और क्या सवा मन का। उसका उत्साह क्षीण हो गया, मिहनत से घृणा हो गयी। आशा उत्साह की जननी है, आशा में तेज है, बल है, जीवन है। आशा ही संसार की संचालक शक्ति है। शंकर आशाहीन होकर उदासीन हो गया। वह जरूरतें जिनको उसने साल-भर तक टाल रखा था, अब द्वार पर खड़ी होनेवाली भिखारिणी न थीं, बल्कि छाती पर सवार होनेवाली पिशाचनियाँ थीं, जो अपनी भेंट लिये बिना जान नहीं छोड़तीं। कपड़ों में चकत्तियों के लगने की भी एक सीमा होती है। अब शंकर को चिट्ठा मिलता तो वह रुपये जमा न करता, कभी कपड़े लाता, कभी खाने की कोई वस्तु। जहाँ पहले तमाखू

ही पिया करता था, वहाँ अब गाँजे और चरस का चस्का भी लगा। उसे अब रुपये अदा करने की कोई चिन्ता न थी मानो उसके ऊपर किसी का एक पैसा भी नहीं आता। पहले जूड़ी चढ़ी होती थी, पर वह काम करने अवश्य जाता था, अब काम पर न जाने के लिए बहाना खोजा करता।

'इस भाँति तीन वर्ष निकल गये। विप्रजी महाराज ने एक बार भी तकाजा न किया। वह चतुर शिकारी की भाँति अचूक निशाना लगाना चाहते थे। पहले से शिकार को चौंकाना उनकी नीति के विरुद्ध था। एक दिन पंडितजी ने शंकर को बुलाकर हिसाब दिखाया। 60 रु. जो जमा थे वह मिनहा करने पर अब भी शंकर के जिम्मे 120 रु. निकले। शंकर -'इतने रुपये तो उसी जन्म में दूँगा, इस जन्म में नहीं हो सकते।'

विप्र-'मैं इसी जन्म में लूँगा। मूल न सही, सूद तो देना ही पड़ेगा।'

शंकर-'एक बैल है, वह ले लीजिए और मेरे पास रक्खा क्या है।'

विप्र-'मुझे बैल-बधिया लेकर क्या करना है। मुझे देने को तुम्हारे पास बहुत कुछ है।'

शंकर -'और क्या है महाराज?'

विप्र -'क़ुछ है, तुम तो हो। आखिर तुम भी कहीं मजूरी करने जाते ही हो, मुझे भी खेती के लिए मजूर रखना ही पड़ता है। सूद में तुम हमारे यहाँ काम किया करो, जब सुभीता हो मूल को दे देना। सच तो यों है कि अब तुम किसी दूसरी जगह काम करने नहीं जा सकते जब तक मेरे रुपये नहीं चुका दो। तुम्हारे पास कोई जायदाद नहीं है, इतनी बड़ी गठरी मैं किस एतबार पर छोड़ दूँ। कौन इसका जिम्मा लेगा कि तुम मुझे महीने-महीने सूद देते जाओगे। और कहीं कमाकर जब तुम मुझे सूद भी नहीं दे सकते, तो मूल की कौन कहे?'

शंकर–'महाराज, सूद में तो काम करूँगा और खाऊँगा क्या?'

विप्र–'तुम्हारी घरवाली है, लड़के हैं, क्या वे हाथ–पाँव कटाके बैठेंगे। रहा मैं, तुम्हें आधा सेर जौ रोज कलेवा के लिए दे दिया करूँगा। ओढ़ने को साल में एक कम्बल पा जाओगे, एक मिरजई भी बनवा दिया करूँगा, और क्या चाहिए। यह सच है कि और लोग तुम्हें छः आने देते हैं लेकिन मुझे ऐसी गरज नहीं है, मैं तो तुम्हें रुपये भरने के लिए रखता हूँ।'

शंकर ने कुछ देर तक गहरी चिन्ता में पड़े रहने के बाद कहा, 'महाराज यह तो जन्म–भर की गुलामी हुई।'

विप्र–'गुलामी समझो, चाहे मजूरी समझो। मैं अपने रुपये भराये बिना तुमको कभी न छोड़ूँगा। तुम भागोगे तो तुम्हारा लड़का भरेगा। हाँ, जब कोई न रहेगा तब की बात दूसरी है।'

इस निर्णय की कहीं अपील न थी। मजूर की जमानत कौन करता, कहीं शरण न थी, भागकर कहाँ जाता, दूसरे दिन से उसने विप्रजी के यहाँ काम करना शुरू कर दिया। सवा सेर गेहूँ की बदौलत उम्र–भर के लिए गुलामी की बेड़ी पैरों में डालनी पड़ी। उस अभागे को अब अगर किसी विचार से संतोष होता था तो यह था कि वह मेरे पूर्व–जन्म का संस्कार है। स्त्री को वे काम करने पड़ते थे, जो उसने कभी न किये थे, बच्चे दानों को तरसते थे, लेकिन शंकर चुपचाप देखने के सिवा और कुछ न कर सकता था। वह गेहूँ के दाने किसी देवता के शाप की भाँति यावज्जीवन उसके सिर से न उतरे।

शंकर ने विप्रजी के यहाँ २० वर्ष तक गुलामी करने के बाद इस दुस्सार संसार से प्रस्थान किया। १२० अभी तक उसके सिर पर

सवार थे। पंडितजी ने उस गरीब को ईश्वर के दरबार में कष्ट देना उचित न समझा, इतने अन्यायी, इतने निर्दयी न थे। उसके जवान बेटे की गरदन पकड़ी। आज तक वह विप्रजी के यहाँ काम करता है। उसका उद्धार कब होगा; होगा भी या नहीं, ईश्वर ही जाने।

पाठक! इस वृत्तांत को कपोल-कल्पित न समझिए। यह सत्य घटना है। ऐसे शंकरों और ऐसे विप्रों से दुनिया खाली नहीं है।

कफ़न

1

झोपड़े के द्वार पर बाप और बेटा दोनों एक बुझे हुए अलाव के सामने चुपचाप बैठे हुए हैं और अन्दर बेटे की जवान बीबी बुधिया प्रसव-वेदना में पछाड़ खा रही थी। रह-रहकर उसके मुँह से ऐसी दिल हिला देने वाली आवाज निकलती थी, कि दोनों कलेजा थाम लेते थे। जाड़ों की रात थी, प्रकृति सन्नाटे में डूबी हुई, सारा गाँव अन्धकार में लय हो गया था।

घीसू ने कहा-मालूम होता है, बचेगी नहीं। सारा दिन दौड़ते हो गया, जा देख तो आ।

माधव चिढ़कर बोला-मरना ही तो है जल्दी मर क्यों नहीं जाती? देखकर क्या करूँ?

'तू बड़ा बेदर्द है बे! साल-भर जिसके साथ सुख-चौन से रहा, उसी के साथ इतनी बेवफाई!'

'तो मुझसे तो उसका तड़पना और हाथ-पाँव पटकना नहीं देखा जाता।'

चमारों का कुनबा था और सारे गाँव में बदनाम। घीसू एक दिन काम करता तो तीन दिन आराम करता। माधव इतना काम-चोर था कि आध घण्टे काम करता तो घण्टे भर चिलम पीता। इसलिए उन्हें कहीं मजदूरी नहीं मिलती थी। घर में मुठ्ठी-भर भी अनाज मौजूद

हो, तो उनके लिए काम करने की कसम थी। जब दो-चार फाके हो जाते तो घीसू पेड़ पर चढ़कर लकड़ियाँ तोड़ लाता और माधव बाजार से बेच लाता और जब तक वह पैसे रहते, दोनों इधर-उधर मारे-मारे फिरते। गाँव में काम की कमी न थी। किसानों का गाँव था, मेहनती आदमी के लिए पचास काम थे। मगर इन दोनों को उसी वक्त बुलाते, जब दो आदमियों से एक का काम पाकर भी सन्तोष कर लेने के सिवा और कोई चारा न होता। अगर दोनो साधु होते, तो उन्हें सन्तोष और धैर्य के लिए, संयम और नियम की बिलकुल जरूरत न होती। यह तो इनकी प्रकृति थी। विचित्र जीवन था इनका! घर में मिट्टी के दो-चार बर्तन के सिवा कोई सम्पत्ति नहीं। फटे चीथड़ों से अपनी नग्नता को ढाँके हुए जिये जाते थे। संसार की चिन्ताओं से मुक्त कर्ज से लदे हुए। गालियाँ भी खाते, मार भी खाते, मगर कोई गम नहीं। दीन इतने कि वसूली की बिलकुल आशा न रहने पर भी लोग इन्हें कुछ-न-कुछ कर्ज दे देते थे। मटर, आलू की फसल में दूसरों के खेतों से मटर या आलू उखाड़ लाते और भून-भानकर खा लेते या दस-पाँच ऊख उखाड़ लाते और रात को चूसते। घीसू ने इसी आकाश-वृत्ति से साठ साल की उम्र काट दी और माधव भी सपूत बेटे की तरह बाप ही के पद-चिह्नों पर चल रहा था, बल्कि उसका नाम और भी उजागर कर रहा था। इस वक्त भी दोनों अलाव के सामने बैठकर आलू भून रहे थे, जो कि किसी खेत से खोद लाये थे। घीसू की स्त्री का तो बहुत दिन हुए, देहान्त हो गया था। माधव का ब्याह पिछले साल हुआ था। जब से यह औरत आयी थी, उसने इस खानदान में व्यवस्था की नींव डाली थी और इन दोनों बे-गैरतों का दोजख भरती रहती थी। जब से वह आयी, यह दोनों और भी आरामतलब हो गये थे। बल्कि कुछ अकड़ने भी लगे थे। कोई कार्य करने को बुलाता, तो निर्ब्याज भाव से दुगुनी मजदूरी माँगते। वही औरत आज प्रसव-वेदना से मर रही थी और यह दोनों इसी इन्तजार में थे कि वह मर जाए, तो आराम से सोयें।

घीसू ने आलू निकालकर छीलते हुए कहा–जाकर देख तो, क्या दशा है उसकी? चुड़ैल का फिसाद होगा, और क्या? यहाँ तो ओझा भी एक रुपया माँगता है!

माधव को भय था, कि वह कोठरी में गया, तो घीसू आलुओं का बड़ा भाग साफ कर देगा। बोला–मुझे वहाँ जाते डर लगता है।

'डर किस बात का है, मैं तो यहाँ हूँ ही।'

'तो तुम्हीं जाकर देखो न?'

'मेरी औरत जब मरी थी, तो मैं तीन दिन तक उसके पास से हिला तक नहीं; और फिर मुझसे लजाएगी कि नहीं? जिसका कभी मुँह नहीं देखा, आज उसका उघड़ा हुआ बदन देखूँ! उसे तन की सुध भी तो न होगी? मुझे देख लेगी तो खुलकर हाथ-पाँव भी न पटक सकेगी!'

'मैं सोचता हूँ कोई बाल-बच्चा हुआ, तो क्या होगा? सोंठ, गुड़, तेल, कुछ भी तो नहीं है घर में!'

'सब कुछ आ जाएगा। भगवान् दें तो! जो लोग अभी एक पैसा नहीं दे रहे हैं, वे ही कल बुलाकर रुपये देंगे। मेरे नौ लड़के हुए, घर में कभी कुछ न था; मगर भगवान् ने किसी-न-किसी तरह बेड़ा पार ही लगाया।'

जिस समाज में रात-दिन मेहनत करने वालों की हालत उनकी हालत से कुछ बहुत अच्छी न थी, और किसानों के मुकाबले में वे लोग, जो किसानों की दुर्बलताओं से लाभ उठाना जानते थे, कहीं ज्यादा सम्पन्न थे, वहाँ इस तरह की मनोवृत्ति का पैदा हो जाना कोई अचरज की बात न थी। हम तो कहेंगे, घीसू किसानों से कहीं ज्यादा विचारवान् था और किसानों के विचार-शून्य समूह में शामिल होने के बदले बैठकबाजों की कुत्सित मण्डली में जा मिला था। हाँ, उसमें यह शक्ति न थी, कि बैठकबाजों के नियम और नीति का पालन करता। इसलिए जहाँ उसकी मण्डली के और लोग गाँव के सरगना और मुखिया बने हुए थे, उस पर सारा गाँव उँगली उठाता

था। फिर भी उसे यह तसकीन तो थी ही कि अगर वह फटेहाल है तो कम-से-कम उसे किसानों की-सी जी-तोड़ मेहनत तो नहीं करनी पड़ती, और उसकी सरलता और निरीहता से दूसरे लोग बेजा फायदा तो नहीं उठाते! दोनों आलू निकाल-निकालकर जलते-जलते खाने लगे। कल से कुछ नहीं खाया था। इतना सब्र न था कि ठण्डा हो जाने दें। कई बार दोनों की जबानें जल गयीं। छिल जाने पर आलू का बाहरी हिस्सा जबान, हलक और तालू को जला देता था और उस अंगारे को मुँह में रखने से ज्यादा खैरियत इसी में थी कि वह अन्दर पहुँच जाए। वहाँ उसे ठण्डा करने के लिए काफी सामान थे। इसलिए दोनों जल्द-जल्द निगल जाते। हालाँकि इस कोशिश में उनकी आँखों से आँसू निकल आते।

घीसू को उस वक्त ठाकुर की बरात याद आयी, जिसमें बीस साल पहले वह गया था। उस दावत में उसे जो तृप्ति मिली थी, वह उसके जीवन में एक याद रखने लायक बात थी, और आज भी उसकी याद ताजी थी, बोला-वह भोज नहीं भूलता। तब से फिर उस तरह का खाना और भरपेट नहीं मिला। लड़की वालों ने सबको भर पेट पूडियाँ खिलाई थीं, सबको! छोटे-बड़े सबने पूड़ियाँ खायीं और असली घी की! चटनी, रायता, तीन तरह के सूखे साग, एक रसेदार तरकारी, दही, चटनी, मिठाई, अब क्या बताऊँ कि उस भोज में क्या स्वाद मिला, कोई रोक-टोक नहीं थी, जो चीज चाहो, माँगो, जितना चाहो, खाओलोगों ने ऐसा खाया, ऐसा खाया, कि किसी से पानी न पिया गया। मगर परोसने वाले हैं कि पत्तल में गर्म-गर्म, गोल-गोल सुवासित कचौड़ियाँ डाल देते हैं। मना करते हैं कि नहीं चाहिए, पत्तल पर हाथ रोके हुए हैं, मगर वह हैं कि दिये जाते हैं। और जब सबने मुँह धो लिया, तो पान-इलायची भी मिली। मगर मुझे पान लेने की कहाँ सुध थी? खड़ा हुआ न जाता था। चटपट जाकर अपने कम्बल पर लेट गया। ऐसा दिल-दरियाव था वह ठाकुर!

माधव ने इन पदार्थों का मन-ही-मन मजा लेते हुए कहा-अब हमें कोई ऐसा भोज नहीं खिलाता।

'अब कोई क्या खिलाएगा? वह जमाना दूसरा था। अब तो सबको किफायत सूझती है। सादी-ब्याह में मत खर्च करो, क्रिया-कर्म में मत खर्च करो। पूछो, गरीबों का माल बटोर-बटोरकर कहाँ रखोगे? बटोरने में तो कमी नहीं है। हाँ, खर्च में किफायत सूझती है!'

'तुमने एक बीस पूरियाँ खायी होंगी?'

'बीस से ज्यादा खायी थीं!'

'मैं पचास खा जाता!'

'पचास से कम मैंने न खायी होंगी। अच्छा पका था। तू तो मेरा आधा भी नहीं है।'

आलू खाकर दोनों ने पानी पिया और वहीं अलाव के सामने अपनी धोतियाँ ओढ़कर पाँव पेट में डाले सो रहे। जैसे दो बड़े-बड़े अजगर गेंडुलिया मारे पड़े हों।

और बुधिया अभी तक कराह रही थी।

2

सबेरे माधव ने कोठरी में जाकर देखा, तो उसकी स्त्री ठण्डी हो गयी थी। उसके मुँह पर मक्खियाँ भिनक रही थीं। पथराई हुई आँखें ऊपर टँगी हुई थीं। सारी देह धूल से लथपथ हो रही थी। उसके पेट में बच्चा मर गया था।

माधव भागा हुआ घीसू के पास आया। फिर दोनों जोर-जोर से हाय-हाय करने और छाती पीटने लगे। पड़ोस वालों ने यह रोना-धोना सुना, तो दौड़े हुए आये और पुरानी मर्यादा के अनुसार इन अभागों को समझाने लगे।

मगर ज्यादा रोने-पीटने का अवसर न था। कफ़न की और लकड़ी की फिक्र करनी थी। घर में तो पैसा इस तरह गायब था, जैसे चील के घोंसले में माँस?

बाप-बेटे रोते हुए गाँव के जमींदार के पास गये। वह इन दोनों की सूरत से नफरत करते थे। कई बार इन्हें अपने हाथों से पीट चुके थे। चोरी करने के लिए, वादे पर काम पर न आने के लिए। पूछा-क्या है बे घिसुआ, रोता क्यों है? अब तो तू कहीं दिखलाई भी नहीं देता! मालूम होता है, इस गाँव में रहना नहीं चाहता।

घीसू ने जमीन पर सिर रखकर आँखों में आँसू भरे हुए कहा-सरकार! बड़ी विपत्ति में हूँ। माधव की घरवाली रात को गुजर गयी। रात-भर तड़पती रही सरकार! हम दोनों उसके सिरहाने बैठे रहे। दवा-दारू जो कुछ हो सका, सब कुछ किया, मुदा वह हमें दगा दे गयी। अब कोई एक रोटी देने वाला भी न रहा मालिक! तबाह हो गये। घर उजड़ गया। आपका गुलाम हूँ, अब आपके सिवा कौन उसकी मिट्टी पार लगाएगा। हमारे हाथ में तो जो कुछ था, वह सब तो दवा-दारू में उठ गया। सरकार ही की दया होगी, तो उसकी मिट्टी उठेगी। आपके सिवा किसके द्वार पर जाऊँ।

जमींदार साहब दयालु थे। मगर घीसू पर दया करना काले कम्बल पर रंग चढ़ाना था। जी में तो आया, कह दें, चल, दूर हो यहाँ से। यों तो बुलाने से भी नहीं आता, आज जब गरज पड़ी तो आकर खुशामद कर रहा है। हरामखोर कहीं का, बदमाश! लेकिन यह क्रोध या दण्ड देने का अवसर न था। जी में कुढ़ते हुए दो रुपये निकालकर फेंक दिए। मगर सान्त्वना का एक शब्द भी मुँह से न निकला। उसकी तरफ ताका तक नहीं। जैसे सिर का बोझ उतारा हो।

जब जमींदार साहब ने दो रुपये दिये, तो गाँव के बनिये-महाजनों को इनकार का साहस कैसे होता? घीसू जमींदार के नाम का ढिंढोरा भी पीटना जानता था। किसी ने दो आने दिये, किसी ने चारे आने। एक घण्टे में घीसू के पास पाँच रुपये की अच्छी रकम जमा हो गयी। कहीं से अनाज मिल गया, कहीं से लकड़ी। और दोपहर को घीसू और माधव बाजार से कफ़न लाने चले। इधर लोग बाँस-वाँस काटने लगे।

गाँव की नर्मदिल स्त्रियाँ आ-आकर लाश देखती थीं और उसकी बेकसी पर दो बूँद आँसू गिराकर चली जाती थीं।

3

बाजार में पहुँचकर घीसू बोला-लकड़ी तो उसे जलाने-भर को मिल गयी है, क्यों माधव!

माधव बोला-हाँ, लकड़ी तो बहुत है, अब कफ़न चाहिए।

'तो चलो, कोई हलका-सा कफ़न ले लें।'

'हाँ, और क्या! लाश उठते-उठते रात हो जाएगी। रात को कफ़न कौन देखता है?'

'कैसा बुरा रिवाज है कि जिसे जीते जी तन ढाँकने को चीथड़ा भी न मिले, उसे मरने पर नया कफ़न चाहिए।'

'कफ़न लाश के साथ जल ही तो जाता है।'

'और क्या रखा रहता है? यही पाँच रुपये पहले मिलते, तो कुछ दवा-दारू कर लेते।'

दोनों एक-दूसरे के मन की बात ताड़ रहे थे। बाजार में इधर-उधर घूमते रहे। कभी इस बजाज की दूकान पर गये, कभी उसकी दूकान पर! तरह-तरह के कपड़े, रेशमी और सूती देखे, मगर कुछ जँचा नहीं। यहाँ तक कि शाम हो गयी। तब दोनों न जाने किस दैवी प्रेरणा से एक मधुशाला के सामने जा पहुँचे। और जैसे किसी पूर्व निश्चित व्यवस्था से अन्दर चले गये। वहाँ जरा देर तक दोनों असमंजस में खड़े रहे। फिर घीसू ने गद्दी के सामने जाकर कहा-साहूजी, एक बोतल हमें भी देना।

उसके बाद कुछ चिखौना आया, तली हुई मछली आयी और दोनों बरामदे में बैठकर शान्तिपूर्वक पीने लगे।

कई कुज्जियाँ ताबड़तोड़ पीने के बाद दोनों सरूर में आ गये।

घीसू बोला-कफ़न लगाने से क्या मिलता? आखिर जल ही तो जाता। कुछ बहू के साथ तो न जाता।

माधव आसमान की तरफ देखकर बोला, मानों देवताओं को अपनी निष्पापता का साक्षी बना रहा हो–दुनिया का दस्तूर है, नहीं लोग बाँभनों को हजारों रुपये क्यों दे देते हैं? कौन देखता है, परलोक में मिलता है या नहीं!

'बड़े आदमियों के पास धन है, फूँके। हमारे पास फूँकने को क्या है?'

'लेकिन लोगों को जवाब क्या दोगे? लोग पूछेंगे नहीं, कफ़न कहाँ है?'

घीसू हँसा–अबे, कह देंगे कि रुपये कमर से खिसक गये। बहुत ढूँढ़ा, मिले नहीं। लोगों को विश्वास न आएगा, लेकिन फिर वही रुपये देंगे।

माधव भी हँसा–इस अनपेक्षित सौभाग्य पर। बोला–बड़ी अच्छी थी बेचारी! मरी तो खूब खिला-पिलाकर!

आधी बोतल से ज्यादा उड़ गयी। घीसू ने दो सेर पूड़ियाँ मँगाई। चटनी, अचार, कलेजियाँ। शराबखाने के सामने ही दूकान थी। माधव लपककर दो पत्तलों में सारे सामान ले आया। पूरा डेढ़ रुपया खर्च हो गया। सिर्फ थोड़े से पैसे बच रहे।

दोनों इस वक्त इस शान में बैठे पूड़ियाँ खा रहे थे जैसे जंगल में कोई शेर अपना शिकार उड़ा रहा हो। न जवाबदेही का खौफ था, न बदनामी की फिक्र। इन सब भावनाओं को उन्होंने बहुत पहले ही जीत लिया था।

घीसू दार्शनिक भाव से बोला–हमारी आत्मा प्रसन्न हो रही है तो क्या उसे पुन्न न होगा?

माधव ने श्रद्धा से सिर झुकाकर तसदीक़ की–जरूर-से-जरूर होगा। भगवान, तुम अन्तर्यामी हो। उसे बैकुण्ठ ले जाना। हम दोनों हृदय से आशीर्वाद दे रहे हैं। आज जो भोजन मिला वह कभी उम्र-भर न मिला था।

एक क्षण के बाद माधव के मन में एक शंका जागी। बोला–क्यों दादा, हम लोग भी एक–न–एक दिन वहाँ जाएँगे ही?

घीसू ने इस भोले–भाले सवाल का कुछ उत्तर न दिया। वह परलोक की बातें सोचकर इस आनन्द में बाधा न डालना चाहता था।

'जो वहाँ हम लोगों से पूछे कि तुमने हमें कफ़न क्यों नहीं दिया तो क्या कहोगे?'

'कहेंगे तुम्हारा सिर!'

'पूछेगी तो जरूर!'

'तू कैसे जानता है कि उसे कफ़न न मिलेगा? तू मुझे ऐसा गधा समझता है? साठ साल क्या दुनिया में घास खोदता रहा हूँ? उसको कफ़न मिलेगा और बहुत अच्छा मिलेगा!'

माधव को विश्वास न आया। बोला–कौन देगा? रुपये तो तुमने चट कर दिये। वह तो मुझसे पूछेगी। उसकी माँग में तो सेंदुर मैंने डाला था।

'कौन देगा, बताते क्यों नहीं?'

'वही लोग देंगे, जिन्होंने अबकी दिया। हाँ, अबकी रुपये हमारे हाथ न आएँगे।'

'ज्यों–ज्यों अँधेरा बढ़ता था और सितारों की चमक तेज होती थी, मधुशाला की रौनक भी बढ़ती जाती थी। कोई गाता था, कोई डींग मारता था, कोई अपने संगी के गले लिपटा जाता था। कोई अपने दोस्त के मुँह में कुल्हड़ लगाये देता था।

वहाँ के वातावरण में सरूर था, हवा में नशा। कितने तो यहाँ आकर एक चुल्लू में मस्त हो जाते थे। शराब से ज्यादा यहाँ की हवा उन पर नशा करती थी। जीवन की बाधाएँ यहाँ खींच लाती थीं और कुछ देर के लिए यह भूल जाते थे कि वे जीते हैं या मरते हैं। या न जीते हैं, न मरते हैं।

और यह दोनों बाप-बेटे अब भी मजे ले-लेकर चुसकियाँ ले रहे थे। सबकी निगाहें इनकी ओर जमी हुई थीं। दोनों कितने भाग्य के बली हैं! पूरी बोतल बीच में है।

भरपेट खाकर माधव ने बची हुई पूडियों का पत्तल उठाकर एक भिखारी को दे दिया, जो खड़ा इनकी ओर भूखी आँखों से देख रहा था। और देने के गौरव, आनन्द और उल्लास का अपने जीवन में पहली बार अनुभव किया।

घीसू ने कहा-ले जा, खूब खा और आशीर्वाद दे! जिसकी कमाई है, वह तो मर गयी। मगर तेरा आशीर्वाद उसे जरूर पहुँचेगा। रोयें-रोयें से आशीर्वाद दो, बड़ी गाढ़ी कमाई के पैसे हैं!

माधव ने फिर आसमान की तरफ देखकर कहा-वह बैकुण्ठ में जाएगी दादा, बैकुण्ठ की रानी बनेगी।

घीसू खड़ा हो गया और जैसे उल्लास की लहरों में तैरता हुआ बोला-हाँ, बेटा बैकुण्ठ में जाएगी। किसी को सताया नहीं, किसी को दबाया नहीं। मरते-मरते हमारी जिन्दगी की सबसे बड़ी लालसा पूरी कर गयी। वह न बैकुण्ठ जाएगी तो क्या ये मोटे-मोटे लोग जाएँगे, जो गरीबों को दोनों हाथों से लूटते हैं, और अपने पाप को धोने के लिए गंगा में नहाते हैं और मन्दिरों में जल चढ़ाते हैं?

श्रद्धालुता का यह रंग तुरन्त ही बदल गया। अस्थिरता नशे की खासियत है। दुःख और निराशा का दौरा हुआ।

माधव बोला-मगर दादा, बेचारी ने जिन्दगी में बड़ा दुःख भोगा। कितना दुःख झेलकर मरी!

वह आँखों पर हाथ रखकर रोने लगा। चीखें मार-मारकर।

घीसू ने समझाया-क्यों रोता है बेटा, खुश हो कि वह माया-जाल से मुक्त हो गयी, जंजाल से छूट गयी। बड़ी भाग्यवान थी, जो इतनी जल्द माया-मोह के बन्धन तोड़ दिये।

और दोनों खड़े होकर गाने लगे–

'ठगिनी क्यों नैना झमकावे! ठगिनी।'

पियक्कड़ों की आँखें इनकी ओर लगी हुई थीं और यह दोनों अपने दिल में मस्त गाये जाते थे। फिर दोनों नाचने लगे। उछले भी, कूदे भी। गिरे भी, मटके भी। भाव भी बताये, अभिनय भी किये। और आखिर नशे में मदमस्त होकर वहीं गिर पड़े।